Das Leitbild demokratischen Selbstbestimmungsrechtes der Völker, das von den Repräsentanten der beiden Weltmächte nach 1918, Woodrow Wilson und Wladimir Iljitsch Lenin, in die Beendigung des Ersten Weltkriegs eingespeist worden war, hatte Erwartungen geweckt, die nicht verwirklicht werden konnten. So hinterließ dieses folgenschwere Ringen der Völker ein unbefriedetes Europa des Revisionismus. Kein Nationalstaat ohne Krieg – so lautet eine historische Regel. Auswirkungen im Vorfeld, während der Auseinandersetzung wie im Nachgang werden hier in 18 Kapiteln aus unterschiedlichster Perspektive dargelegt. Mit dem traurigen Fazit:

Krieg unter Menschen endet nie!

Wolfgang V. Hartmann

Einmal Krieg – immer Krieg

Eine neue Deutung für unsere Zeit

HARALEX Publishing House

Edinburgh

2025

HARALEX Publishing House
3 Wardlaw Place
Edinburgh EH11 1UA

Published 2025 by *HARALEX* Publishing House

Copyright © 2025 by Wolfgang V. Hartmann

**Bibliographische Information
Der Deutschen Nationalbibliothek**

Die Deutsche Nationalbibliothek verzeichnet
diese Publikation in ihrem Katalog.

Taschenbuchausgabe (2025)
ISBN: 978-1-905194-74-2

Inhalt

Inhalt	7
VORWORT: Neue Gedanken zum Krieg	11
VORGESCHICHTE	15
1. Bismarck	15
2. Kaiserreich	24
BEGINN (1914-16)	33
3. Sarajevo	33
4. Weihnachtsfrieden	42
5. Verdun	53
6. Franz Joseph	62
LENIN (1917 und die Folgen)	70
7. Februarrevolution	70
8. Oktoberrevolution	80
9. Lenindämmerung	88

ENDE (1917-19) 96

10. Mata Hari 96

11. Richthofen 105

12. Hunger 112

13. Waffenstillstand 119

FOLGEN 128

14. Waggon 128

15. Versailles 133

16. Erzberger 141

17. Prohibition 150

18. Kolonialismus 160

EPILOG: Dieser Krieg wirkt nach 168

VORWORT

Neue Gedanken zum Krieg

„Deutschland ist heute Friedrich der Große. Es ist sein Kampf, den wir zu Ende führen, den wir noch einmal zu führen haben. Es ist sein Europa, das im Hass verbündete Europa, das uns nicht dulden will", schreibt Thomas Mann 1914 in seinem Essay „Gedanken zum Kriege". Darin verwendet er die Gegensatzpaare Zivilisation und Kultur, Frankreich und Deutschland, Voltaire und Friedrich, verdorbene Vorkriegsgesittung und Krieg. Der Krieg schließlich steht, so Mann, für den Ausweg aus der Dekadenz.

Am 28. Juni 1914 endete in Westeuropa eine über 40-jährige Friedensphase. Genau einen Monat nach dem tödlichen Attentat auf seinen Thronfolger Franz Ferdinand in Sarajevo durch einen Bosnier serbischer Herkunft erklärte Österreich-Ungarn, mit der Beistandserklärung des Deutschen Reiches im Rücken, Serbien den Krieg. Der Generalmobilmachung Russlands, das Serbien beistand, folgte die Kriegserklärung Deutschlands, das, auf dem Weg zur

Eroberung Frankreichs, mit der Besetzung Belgiens auch Großbritannien in den Krieg zwang.

Viele Zeitgenossen, darunter Thomas Mann, erkannten die „Urkatastrophe" des 20. Jahrhunderts nicht. Im Gegenteil; selbst ein Pazifist wie Stefan Zweig räumte ein: „In diesem ersten Aufbruch der Massen lag etwas Großartiges, Hinreißendes und sogar Verführerisches, dem man sich nicht entziehen konnte." Diese Euphorie verflog schnell; statt des, auch im Intellektuellenkreis, erwarteten kurzen Waffengangs folgte ein über vier Jahre dauernder, verlustreicher Weltkrieg, der die Landkarte politisch wie geografisch veränderte und bereits die Saat für den nächsten legte.

100 Jahre nach seinem Beginn wurde – wie üblich zu solchen Gedenktagen – die Debatte darüber intensiviert, ob dieser erste industrielle, „totale" Krieg nicht hätte vermieden werden können, und wer Schuld an seinem Ausbruch trug. Wird die deutsche Verantwortung etwa relativiert, indem die Rolle der damaligen Kriegsgegner verstärkt unter die Lupe genommen wird? Eigentlich ist die Frage rhetorisch aufzufassen (und damit die gesamte Diskussion als akademisch). Denn Sieger des Weltkriegs war, wie der Freiburger

Historiker Jörn Leonhard treffend feststellt, „keine Nation, kein Staat, kein Empire, und sein Ergebnis war keine Welt ohne Krieg. Der eigentliche Sieger war der Krieg selbst, das Prinzip des Krieges, der totalisierbaren Gewalt als Möglichkeit."

In der Folge leben wir mit dem Krieg; er ist Teil unseres dekadenten Alltags. Ständig wird er geführt: im Nahen Osten, in Afghanistan und im Irak (übrigens eine Folge der britisch-französischen Staaten-Kreation am Reißbrett 1916 mitten im Ersten Weltkrieg). Er rückt Westeuropa näher – in der Ukraine. Und er wird nicht nur von regionalen Staaten geführt, sondern von Großmächten wie den USA. Das aufstrebende China kann mit dem wilhelminischen Kaiserreich verglichen werden, dem vermeintlich ebenfalls Grenzen gesetzt werden müssten. 1914 wurde die Kolonialmacht Großbritannien als müde bezeichnet (nach ihrem EU-Brexit 2016 hat ihr inzwischen sogar die einstige Kolonie Indien den Rang abgelaufen); mehr und mehr im 21. Jahrhundert sendet nun auch der „Weltpolizist" USA keine fundamentalen außenpolitischen Signale mehr.

Und Europa? Jener Kontinent, auf dem das verlustreiche Ringen der Völker zum Großteil stattfand? Er wird dominiert von den wirtschaftsstärksten Mitgliedern der Europäischen Union. Ob Deutschland diese hegemoniale Macht in diesem Kreis nun anstrebt oder nicht: Die Friedensordnung, die es nach dem Zweiten Weltkrieg zu installieren mithalf, ist gefährdet. Ein gemeinsames Europa mit föderalen Strukturen könnte aufkommende Ressentiments gegenüber Deutschland im Keim ersticken. Denn an dessen Wesen will, angefangen von Russland, seit mehr als 100 Jahren niemand mehr genesen.

VORGESCHICHTE

1. Bismarck

Der Eiserne baut sein Reich auf Sand

Selbst ohne die Katastrophe von 1914 hätte Otto von Bismarcks Staat letztlich scheitern müssen

»Du wirst hier einen fettgemästeten Landwehroffizier finden, einen Schnurrbart, der schwört und flucht, dass die Erde zittert, einen gerechten Abscheu vor Juden und Franzosen hegt und Hunde und Bedienstete auf das Brutalste prügelt, wenn er von seiner Frau tyrannisiert worden.« Als 19-Jähriger schrieb der am 1. April 1815 in Hohenschönhausen geborene Otto von Bismarck einem Schulfreund diesen Brief und fuhr mit der ungeschminkten Schilderung des eigenen Charakters fort: »Ich werde mich einige Jahre mit der rekrutendressierenden Fuchtelklinge amüsieren, dann ein Weib nehmen, Kinder zeugen, das Land bauen und die Sitten meiner Bauern durch unmäßige Branntweinfabrikation untergraben.«

Die ironische Distanz des jungen Bismarck im Blick auf sein eigenes soziales Milieu, das der ostelbischen Junker, findet ihren Höhepunkt in den Worten: »Ich werde lederne Hose tragen, mich zum Wollmarkt in Stettin auslachen lassen, und wenn man mich Herr Baron nennt, werde ich mir gutmütig den Schnurrbart streichen und um zwei Taler wohlfeiler verkaufen; zu Königs Geburtstag werde ich mich besaufen und vivat schreien.« Der Briefeschreiber, der seine »liederlichen« Studentenjahre noch vor sich hat, gab gerne den Part des zurückgebliebenen Krautjunkers aus der preußischen Provinz.

In der Zeitgeschichte gilt Otto von Bismarck nach wie vor als der bedeutendste Politiker des 19. Jahrhunderts; seine Bündnispolitik ist legendär. Der Reichsgründer schuf zwar die Einheit der Nation (1871), machte aber aus seiner Verachtung für Demokratie und Parlamentarismus keinen Hehl. »Nicht durch Reden und Majoritätsbeschlüsse werden die großen Fragen der Zeit entschieden – das ist der Fehler von 1848 und 1849 gewesen – sondern durch Eisen und Blut.« Als der Hüne Bismarck, über 1,90 Meter groß, dem preußischen Landtag mit seiner dünnen Fistelstimme während der Verteidigungsrede zur Heeresreform diese markigen Worte entgegenschleuderte und fortan der »Eiserne Kanzler« genannt wurde, herrschten Biedermeier und die Restauration des Wiener Kongresses.

In neun Jahren und drei Kriegen (1864, 1866, 1870/71) vollendete Bismarck die deutsche Einheit, so wie er sie wollte (ohne Österreich, auf Kosten Frankreichs), wobei er des Volkes Meinung vollständig umkehrte. Als er schließlich abtrat, war Deutschland eine führende Industrienation, aber auch ein waffenstarrender Störenfried im europäischen Mächtekonzert. Bismarcks besonderer Charakter, sein Machtinstinkt und sein Talent, trotz seiner erzkonservativen Gesinnung Veränderungen von historischer Tragweite auszulösen, beschäftigen uns noch heute.

Sein viel gelobtes Urpreußentum war dem Deutschen Reich nach 1871 schädlich

Bei der Beurteilung Bismarcks und Preußens gilt festzuhalten, dass es im 19. Jahrhundert in Person und Staat keine Einheitlichkeit gegeben hat. Das Königreich Preußen zerfiel zwischen Wiener Kongress (1814/15) und der BGB-Reform vom 1. Januar 1900 rechtlich in zwei Hälften. Während zivilrechtlich in den

Westprovinzen, dem wirtschaftlich fortgeschrittenen Rheinland, nach wie vor der Code Napoleon galt, war in Ostelbien die reformierte Rechtsgrundlage von 1794 gültig, der die Heeres- und Staatsreformer in ihrem ungerechten, klassenspalterischen Kern nicht beikommen konnten. Die Reform war infolge der Adels- und Junkeropposition steckengeblieben.

Bismarcks viel gelobtes Urpreußentum war dem Deutschen Reich nach 1871 eher schädlich. Denn aus diesem Lokalpatriotismus lassen sich seine groben innenpolitischen Fehler erklären. Die Aufteilung der Macht zwischen Krone, Adel und protestantischer Geistlichkeit wie im Preußen Bismarcks, wofür das ungerechte Dreiklassenwahlrecht bis 1918 stand, war auf das ganze Deutschland nicht übertragbar. Bismarck wagte den Versuch innerhalb seiner verfassungsrechtlichen Möglichkeiten dennoch im sogenannten Kulturkampf, um die Rom-Abhängigkeit (Ultramontanismus) des politischen Katholizismus zu brechen. Er ist damit gescheitert – ebenso wie mit seinen Sozialistengesetzen. Die Sozialisten suchte er schließlich in ihrem Einfluss auf die Massen mit einer Sozialgesetzgebung auszuhebeln. Auch das ist ihm misslungen.

Die katastrophalste Fehleinschätzung leistete sich Bismarck innenpolitisch mit seiner Konzession eines in allgemeiner, gleicher und geheimer Wahl konstituierten Reichstags. Er war der Überzeugung, politisch unmündige Massen, wie er sie nach Gutsherrenart nur aus den Ostprovinzen kannte, im Wahlverhalten manipulieren zu können, was im Westen des Reiches gründlich scheiterte. Zwar hat er in jahrelanger Beeinflussung die liberalen Parteien in ihren politischen Inhalten geradezu pervertiert, aber am Ende seiner Amtszeit kein anderes Rezept mehr besessen, als gegen den Reichstag zu putschen, was zum endgültigen Bruch mit dem jungen Kaiser Wilhelm II. (1890) führte.

Sein gewaltigster politischer Fehler, weshalb seine Staatskonstruktion auch keinen Bestand haben konnte, war das Bemühen, vergangene Standards (ständisches Preußentum) mit sehr modernen Entwicklungen des Verfassungsstaates zu kombinieren. Das eine schloss das andere aus und führte im Lauf des »Wilhelminismus« wirklich zu widerwärtigen Tendenzen einer Restauration, die den Bürger nicht mehr kannte und den Untertanen hochleben ließ. Den Untertan, der nicht mehr dachte, sondern anbetete und als Lohn mit wirtschaftlicher Prosperität gefüttert wurde.

So hat Bismarck das deutsche Bürgertum in seinem politischen Selbstbewusstsein gebrochen und entmündigt. Er hat es gelehrt, Schutz beim starken Mann und beim starken Staat zu suchen. Er hat zugleich die Idee und die Realität der Nation aus dem Lager der Freiheit und des Fortschritts ins konservative Gegenlager hinübergeschafft. »Er hinterließ eine Nation ohne alle und jede politische Erziehung«, schrieb der Soziologe Max Weber: »Eine Nation ohne allen und jeden politischen Willen. Eine politische Tradition hinterließ der große Staatsmann überhaupt nicht.«

Was nötig gewesen wäre, denn sein außenpolitisches Konstrukt stürzte nur wenige Jahre nach seinem Rücktritt in sich zusammen. »Die Politik dieses Mannes ist widerwärtig, aber seine Ziele sind groß, seine Pläne zweckdienlich und seine Begabung fantastisch.« Was der britische »Spectator« bewundert, ist Bismarcks sogenanntes Jonglieren mit fünf Kugeln (die die europäischen Großmächte symbolisieren). Nach 1871 musste er immer mindestens drei in Händen halten, um Frankreich zu isolieren.

In genialer Weise spielte er die widerstrebenden Kräfte gegeneinander aus

Es ist viel darüber gerätselt worden, warum der große politische Meister nach dem Frankreich-Feldzug nicht, wie nach Königgrätz (1866), für einen Vernunftfrieden mit dem besiegten Gegner eingetreten ist. In Frankreich, das Elsass und Lothringen an das neue Reich abtreten und im eigenen Spiegelsaal von Versailles eine fremde Kaiserproklamation über sich ergehen lassen musste, war nur noch von Revanche die Rede.

Bismarcks immerwährende Sorge musste darum gehen, dem angeblich »saturierten« Deutschen Reich die politische Einkreisung zu ersparen. Dazu waren ihm fast alle Mittel recht, auch so ein zweifelhaftes wie der Rückversicherungsvertrag mit Russland (1887), der gegenüber dem Hauptverbündeten Österreich-Ungarn nicht ehrlich war. Auch dass sich Dreikaiserbündnis und Zwei- (später Dreibund) im Grunde widersprachen, kümmerte Bismarck nicht. Als Vermittler in Balkanfragen auf dem Berliner Kongress (1878) verdarb er es sich ohnehin mit Russland.

Und so ist es schlicht eine Legende, an der Bismarck nach seiner Entlassung mitgestrickt hat, dass die Nicht-Erneuerung des Rückversicherungsvertrags (1894) der erste Schritt zur Isolation Deutschlands gewesen sei. Mit der Blockade russischer Staatsanleihen hatte er das Riesenreich wirtschaftlich bereits nach Paris abgedrängt.

Was bleibt? Vier Jahre nach seinem Amtsantritt als preußischer Ministerpräsident (1862) löste Bismarck die deutsche Frage, die über ein halbes Jahrhundert geschwelt hatte. Seine Lösung war, wie der Doyen der US-Außenpolitik, Henry Kissinger, einst bewundernd feststellte, »zu demokratisch für Konservative, zu autoritär für Liberale, zu marktorientiert für Legitimisten«. Die Ordnung war allein auf Bismarck zugeschnitten, »der in genialer Weise die widerstrebenden Kräfte – im In- wie im Ausland – dadurch in Schach zu halten verstand, dass er sie gegeneinander ausspielte«.

In der Autobiografie »Gedanken und Erinnerungen« schuf sich Bismarck seinen eigenen Mythos. Wilhelm I. befand zwar, es sei nicht leicht, unter Bismarck Kaiser zu sein, fügte sich aber ebenso bequem in sein Schicksal wie das deutsche Volk, das Bismarck über eine Flut von Denkmälern huldigte.

Bismarcks »Reich aus Blut und Eisen« hätte wohl kaum bestehen können, selbst wenn es nicht zur Katastrophe von 1914 bis 1918 gekommen wäre. Bei weiterer friedlicher Entwicklung in Europa wäre der Verfassungskonflikt unausweichlich geworden. Ob dann Bismarcks »Bund deutscher Fürsten« in die Brüche gegangen wäre, lässt sich nicht sagen, denn die verfehlte Außen- und Flottenpolitik brachte das Menetekel. Aus den fatalen Entwicklungen nach 1890 haben viele Historiker den irrigen Schluss gezogen, dass Bismarcks Sturz die Ursache allen Übels gewesen sei.

Doch Bismarck war zum Zeitpunkt seiner Entlassung bereits 75 Jahre alt. Er ist mit 83 gestorben (30. Juli 1898), an den Rollstuhl gefesselt und zu keiner Arbeit mehr fähig. Was wäre also anders gekommen, wenn er noch ein paar Jahre im Amt verblieben wäre?

2. Kaiserreich

Deutscher Kaiser?
Kaiser von Deutschland!

**Preußenkönig Wilhelm I. ließ sich 1871
wegen eines kleinen, aber feinen Unterschieds
nur widerwillig proklamieren**

Ein König gilt nach der Salbung als Christus Domini, als »Gesalbter des Herrn«, der seine Herrschaft nicht von Menschen, sondern von Gott selbst empfangen hat. Die Salbung verkörpert das Gottesgnadentum der Monarchen und war daher das wichtigste Ritual bei der Krönung durch den Papst im Heiligen Römischen Reich. Als gottgesandte Regenten verstanden sich bis in die jüngste Vergangenheit Kaiser Franz Joseph von Österreich-Ungarn, König Ludwig II. von Bayern – und die preußischen Könige. So auch Wilhelm I.

Nun sollte er eine glänzende Krone gegen eine »schmutzige« eintauschen, wie er die ihm von Adel und Bürgertum angetragene Kaiserwürde des neuen Deutschen Reichs bezeichnete. Der Preußenkönig musste erst mühsam dazu überredet werden, Kaiser zu werden und einen Nationalstaat zu akzeptieren, in dem das eigenständige alte Preußen auf- und unterging.

Der »Kaiserbrief«

Prinz Luitpold von Bayern hatte Wilhelm I. am 3. Dezember 1870 das Schreiben seines Neffen übergeben. In diesem forderte Ludwig II. den König von Preußen im Namen aller deutschen Fürsten und Freien Städte auf, als Kaiser das Präsidium des künftigen Deutschen Reiches wahrzunehmen. Diesen »Kaiserbrief« hatte der preußische Ministerpräsident Otto von Bismarck ersonnen und damit argumentiert, dass der König von Bayern als Vertreter des ältesten deutschen Fürstengeschlechts – der Wittelsbacher – sich wohl nicht dem König von Preußen, aber doch einem deutschen Kaiser unterordnen könne.

Ludwig II. selbst hatte um seine Souveränität gebangt und sich lange quergestellt. Aber Bismarck wiederum hatte dem klammen weiß-blauen Monarchen unter der Hand eine finanzielle Entschädigung von rund fünf Millionen Mark für dessen Märchenschlösser zugeschoben und den Bayern ein eigenes Post- und Eisenbahn-Wesen zugebilligt. Am 18. Dezember 1870 schließlich hatte eine

Delegation des Norddeutschen Reichstags dem König von Preußen »im Namen der deutschen Nation« die Annahme der Kaiserwürde angetragen.

Alles schön und gut – aber das ist kein Königtum von Gottes Gnaden. Staatsrechtlich handelt es sich um eine konstitutionelle Monarchie. Faktisch ist es ein Bund der deutschen Fürsten und Freien Städte unter dem dominierenden Präsidium des Königs von Preußen, der daher den Titel »Deutscher Kaiser« trägt.

Deutscher Kaiser? Und nicht Kaiser von Deutschland? Ein kleiner, aber feiner Unterschied. Wilhelm will da partout nicht mitmachen. Kaiser von Deutschland, das klingt zu dominant, weiß Bismarck nur zu genau – er hätte die mühsam ins Boot geholten Süddeutschen damit düpiert. Deutscher Kaiser müsse es schlicht und einfach heißen, insistiert der Kanzler. Wilhelm findet das zu bescheiden und ist gekränkt. Vor der Kaiserproklamation legt er dem Großherzog Friedrich I. von Baden, der für den Hochruf eingeplant ist, eindringlich nahe, die Formulierung »Kaiser von Deutschland« zu verwenden.

Großherzog ein Salomon

In tagelangen nervenaufreibenden Debatten setzen sich schließlich Bismarck und der preußische Kronprinz Friedrich durch. Damit wird Bismarcks Vision eines kleindeutschen Nationalstaats unter Ausschluss Österreichs Wirklichkeit. Wenig später nimmt sich Bismarck den verwirrten badischen Großherzog noch einmal zur Brust und erinnert an die ursprüngliche Vereinbarung: Deutscher Kaiser, ja? Nichts anderes! Der Großherzog windet sich aus der Zwickmühle heraus, indem er dann einfach – ganz salomonisch – ruft: »Seine kaiserliche und königliche Majestät, Kaiser Wilhelm, lebe hoch, hoch, hoch!«

Die ernsthafte Verstimmung zwischen Kaiser und Kanzler hält zwar noch einige Zeit an. Wilhelm I. hat in politischen Streitfragen aber immer nachgegeben und einmal geseufzt: »Es ist nicht leicht, unter Bismarck Kaiser zu sein.«

Diese Kaiserproklamation vom 18. Januar 1871 war verfassungsrechtlich bedeutungslos; sie ist lediglich eine zeremonielle Bestätigung des Kaisertitels gewesen. Das Datum dafür wurde ganz bewusst gewählt. Es handelte sich um den Jahrestag der ersten preußischen

Königskrönung: jener des brandenburgischen Kurfürsten Friedrichs III. am 18. Januar 1701.

Der Maler Anton von Werner hat das Ereignis von 1871, das er in »prunklosester Weise und außenordentlicher Kürze« erlebte, auf einem Gemälde verewigt, das später zur nationalen Ikone wurde. Insgesamt 1391 Personen sind zugegen: Ranghohe Vertreter der deutschen Fürstenhäuser, zahlreiche Generäle und Offiziere der Belagerungstruppen sowie die Spitzen der Hof- und Staatsbehörden.

Bismarcks langer Atem

Man sieht den Kaiser unter Fahnen und Standarten und begeisterte säbelschwingende Fürsten und Militärs mit Bismarck in der Mitte: Der trägt eine weiße Galauniform und präsentiert sich dem Auge des Betrachters als nationale Lichtgestalt vom Scheitel bis zur Sohle. Klar, so ein Bild soll die Wirklichkeit überhöhen.

Aber in Wirklichkeit war Bismarck dunkelblau uniformiert und weiß nur im Gesicht, und zwar vor Erschöpfung und Ärger über die vielen Kontroversen im Vorfeld. Bismarck hatte die Gründung eines deutschen Nationalstaats unter Führung Preußens seit seiner Ernennung zum preußischen

Ministerpräsidenten 1862 mit drei Kriegen energisch vorangetrieben. Als Kanzler des Norddeutschen Bundes nutzte er die patriotische Begeisterung nach Beginn des Deutsch-Französischen Krieges, um im September 1870 mit den süddeutschen Staaten Verhandlungen über die Reichseinigung zu beginnen.

Während das Großherzogtum Baden schon länger bestrebt war, sich dem Norddeutschen Bund anzuschließen, zögerten die Königreiche Bayern und Württemberg sowie das Großherzogtum Hessen-Darmstadt. Sie wollten an ihrer einzelstaatlichen Souveränität festhalten und billigten die »kleindeutsche« Reichsgründung erst, als ihnen Bismarck in den »Novemberverträgen« Privilegien zubilligte.

Die Verfassung des Norddeutschen Bundes sollte weitgehend übernommen, die Mitglieder des Bundesrats darin aber gestärkt werden. So reichten beispielsweise 14 Stimmen, um eine Verfassungsänderung zu blockieren – eine Stimmenzahl, die Bayern, Württemberg, Baden und Hessen allein erreichen konnten.

Auf Grundlage dieser Verträge, die der Norddeutsche Bund mit Bayern und

Württemberg sowie Baden und Hessen-Darmstadt zwischen dem 15. und dem 25. November vereinbarte, beschloss der Norddeutsche Reichstag am 10. Dezember 1870 eine erweiterte Verfassung des Norddeutschen Bundes. Sie musste von den Landtagen mit Zweidrittelmehrheit ratifiziert werden und trat am 1. Januar 1871 in Kraft – dem Tag der eigentlichen Reichsgründung.

Schicksalsort Versailles

Zum eigentlichen Gedenktag im Gedächtnis der Deutschen aber wurde die Kaiserproklamation im Spiegelsaal des Versailler Schlosses am 18. Januar 1871. Warum in Versailles, im Prunksaal der französischen Könige?

Die Armeen der verbündeten deutschen Staaten belagerten seit September 1870 Paris. Das deutsche Hauptquartier lag im strategisch günstigen Versailles. Als Ort von Glanz und Ruhm der französischen Monarchie war Versailles nicht nur symbolträchtig, sondern bot auch die nötigen Infrastrukturen. Neben den militärischen Stäben befanden sich Wilhelm I., Kronprinz Friedrich sowie Bismarck im Hauptquartier. Zudem war

Versailles weit genug von der französischen Hauptstadt entfernt, um nicht von dort aus beschossen zu werden, aber dennoch nah genug, um der Belagerungsarmee Befehle auf kürzestem Wege zukommen zu lassen.

Die deutsche Kaiserproklamation an einem der bedeutendsten Identifikationsorte der Grande Nation bedeutete für Frankreich eine tiefe Demütigung. Die französische Revanche folgte am 28. Juni 1919, als das im Ersten Weltkrieg besiegte Deutsche Reich an selber Stelle den Friedensvertrag unterzeichnen musste, der auch die Rückgabe des 1871 eingegliederten Reichslands Elsass-Lothringen beinhaltete.

Die Hohenzollern-Monarchie war nach der »Urkatastrophe des 20. Jahrhunderts« am Ende. Ob die Wurzeln der Machtergreifung der Nationalsozialisten von 1933 schon in der obrigkeitsstaatlichen und militaristischen Entwicklung des deutschen Kaiserreichs liegen, darüber diskutieren die Historiker bis heute.

Die Hohenzollern dagegen hatten stets ganz andere – dynastische, quasi akademische – Probleme. Friedrich III., der Wilhelm I. 1888 auf den Kaiserthron folgte, wollte sich, der Ahnengalerie der deutschen Kaiser des

Heiligen Römischen Reichs folgend, Friedrich IV. (nach Friedrich III., 1415–1493) nennen; er musste überzeugt werden, der preußischen Königsreihe (nach Friedrich II., 1712–1786) zu folgen. Wie der Vater so der Sohn.

BEGINN (1914-16)

3. Sarajevo

»Heute kriegen wir noch ein paar Kugerln«

Zwei Schüsse in Sarajevo verändern am 28. Juni 1914 die Welt

Was für ein schöner Sonntag! Unter blauem Himmel bietet Sarajevo einen einladenden Anblick: von Bergen umgeben, die türkische Altstadt mit aufgepflanzten Minaretten, die österreichische Neustadt mit Regierungsgebäude, Bank und Kaserne, in der Mitte ein glitzernder, rauschender Bergfluss, die Miljacka. An ihren Uferstraßen stehen Menschen Spalier, aber nur wenige Polizisten und gar keine Soldaten. Von der Bastion des Kastells feuern Festungsgeschütze 24 Salutschüsse. Das Thronfolger-Paar fährt gegen 10 Uhr über die Renommierstraße der Stadt, den Appelkai. In einem offenen Personenwagen, Marke Graef & Stift, nimmt es die Ovationen entgegen. Die Österreicher rufen »Hoch«, die Bosnier »Zivio«. Wir schreiben den 28. Juni 1914.

Es folgt der Augenzeugen-Bericht des Grafen Franz Harrach, Adjutant des Erzherzogs Franz Ferdinand.

»In dem Auto, welches Ihre Hoheiten benutzten, saß ich vorn neben dem Chauffeur, als plötzlich eine Detonation ertönte. Kurz nach dem Schuss ließ mein Chauffeur rasch vorschießen. In dem Augenblick ertönte eine kanonenschussartige Detonation, welche die ganze Luft mit Pulverdampf erfüllte. Bald danach ließ Seine Kaiserliche Hoheit halten. Der Empfang im Rathaus verlief programmgemäß. Die Hoheiten zeigten die größte Kaltblütigkeit. Es soll auch über eventuelle Abänderungen des Programms gesprochen worden sein. Da ich von einem neuerlichen Attentat überzeugt war, verließ ich den Sitz neben dem Chauffeur und stellte mich auf das Trittbrett des Autos neben Seine Kaiserliche Hoheit, und zwar so, dass sein ganzer Körper von links durch meinen Körper gedeckt war.«

»Nach echt österreichischer Art«
fährt man ins Verderben

Im Konak (Gouverneurssitz) ist der Mittagstisch bereits gedeckt, für ein Menü von zehn Gängen, darunter truites au beurre (Forelle in Butter), boeuf bouilli aux legumes (Siedfleisch mit Gemüse), poulets (Hühnchen) à la Villeroy, bombe (Törtchen) à la reine. Die Tafelmusiker stimmen schon ihre Instrumente, für den Konzertwalzer »Ohne Lieb' kein Leben« und Edmund Eyslers »Einmal rechts herum« aus der Operette »Der lachende Ehemann«.

Franz Ferdinand verschafft seiner Empörung durch den ihm ureigenen, gefürchteten Zynismus Luft und schimpft über den gefassten Bombenwerfer: »Passen'S auf! Der Kerl wird, statt dass man ihn unschädlich macht, nach echt österreichischer Art noch mit dem Verdienstkreuz dekoriert!« Vor der Abfahrt vom Rathaus ist ihm nicht ganz wohl: »Heute werden wir noch ein paar Kugerln kriegen.« Immerhin soll die Route geändert werden; statt wie angekündigt über die Franz-Joseph-Straße zu fahren, will man den Weg über den Appelkai nehmen.

»Nach echt österreichischer Art« fährt man ins Verderben. Denn das vorausfahrende Auto biegt doch zur Franz-Joseph-Straße ab. Dessen Chauffeur hat sich wohl nicht auf die neue Ordre umgestellt. Der Pilot des zweiten Wagens – des erzherzöglichen – folgt dem Leitfahrzeug, wie er es eben gewohnt ist. Feldzeugmeister Oskar Potiorek befiehlt ihm, doch über den Appelkai zu fahren. Der Chauffeur bremst gehorsam, um zu wenden. Graf Harrach steht auf der falschen Seite. In seinem Bericht steht: »Naturgemäß blieb das Auto während der Prozedur zirka zwei, drei Sekunden stehen. Da ertönte von rechts aus dem Menschenspalier ein Schuss und einen Augenblick darauf ein zweiter aus unmittelbarer Nähe.«

Der 19 Jahre alte, bosnisch-serbische Gymnasiast Gavrilo Princip hat mit seiner Browning aus zweieinhalb Metern Entfernung zweimal gefeuert. Er trifft Franz Ferdinand am Hals und dessen Frau, Sophie von Hohenberg, in den Unterleib. Sie stirbt sofort; er um kurz nach elf Uhr. Seine letzten Worte: »Es ist nichts.«

Das kann man so nicht sagen. Mit Princips Schüssen nimmt das Schicksal seinen unerbittlichen Lauf in Richtung Erster

Weltkrieg. Auf dem Balkan müsse die serbische Frage »ein für alle Mal« gelöst werden, fordert Franz Freiherr Conrad von Hötzendorf, der Generalstabschef der Armee Österreich-Ungarns (den Franz Ferdinand übrigens hatte ablösen lassen wollen). Das deutsche Kaiserreich erteilt Wien durch seine volle Rückendeckung eine Blankovollmacht (5. Juli). So gestärkt, stellt die österreich-ungarische Doppelmonarchie Serbien ein praktisch unannehmbares Ultimatum (23. Juli), das prompt abgelehnt (25. Juli) und mit der Kriegserklärung des Habsburgerreiches (28. Juli) beantwortet wird. Durch verschiedene Bündnis-Verpflichtungen treten Russland als Serbiens Schutzmacht, Deutschland, Frankreich und Großbritannien in den Krieg ein (1./4. August). Der Krieg wird das Machtgefüge der Weltmachte umstürzen und die Landkarten verändern. Rund 17 Millionen Tote wird er fordern. Das Leid der Zivilisten und die Zerstörungen erreichen in diesem industriellen Massenschlachten, verstärkt durch neue chemische Waffen, bis dahin unbekannte Ausmaße.

Eigentlich bildet ein lokaler Konflikt den Hintergrund des Attentats. Bosnien war 1908 in die k.u.k. Monarchie eingegliedert worden.

Es steht unter ungarischer Verwaltung, die im
Land auf Widerstand stößt. Im Gegensatz zu
seinem Onkel, dem betagten Kaiser Franz
Joseph (83), plant Thronfolger Franz Ferdinand
eine Autonomie der slawischen Völker in der
Habsburgermonarchie und hofft auf
Unterstützung in Bosnien. Im selbstständigen
Nachbarstaat Serbien werden seit 1913
Forderungen nach einem großen slawischen
Reich unter Einschluss Bosniens und Kroatiens
laut. Das bedeutet Verdrängung Österreichs
vom Balkan.

**Nach dem Attentat versuchen wütende
Augenzeugen, Princip zu lynchen**

Attentäter Princip stammt aus einer armen
Postler-Familie im tiefen Bosnien bei Grahovo.
Mit zwei Gesinnungsgenossen erhält er von
der serbischen Geheimorganisation »Schwarze
Hand« Schießunterricht in Belgrad sowie vier
Pistolen samt Munition und sechs Bomben.
Nach dem Attentat versucht eine wütende
Menschenmenge, ihn zu lynchen. Im
Gegensatz zu drei Hintermännern der
»Schwarzen Hand«, die durch den Strang
sterben, entgeht Princip, der noch nicht
volljährig ist (dazu hätte er 21 Jahre alt sein
müssen), der Todesstrafe. Verurteilt zu

20 Jahren verschärften Kerkers (ohne Reden, Schreiben, Lesen und Besuchsrecht) stirbt er im April 1918 an Tuberkulose im Gefängnis von Theresienstadt.

Für die Serben ist Princip ein Freiheitskämpfer gegen die österreichische Besatzung und ein nationaler Held. Für viele Muslime und Kroaten dagegen musste der Thronfolger sterben, weil er den »größenwahnsinnigen Gebietsansprüchen der Serben« im Wege stand. Sie ziehen eine direkte Verbindung von den angeblichen Großmannsgelüsten Serbiens über seine dominante Stellung im späteren Jugoslawien bis zu den Bürgerkriegen bei dessen Zerfall zwischen 1991 und 1999. Damals wie schon im Zweiten Weltkrieg und auch heute noch hätten die Serben geschichtlich ungerechtfertigte Ansprüche auf bosnisches und kroatisches Territorium erhoben. Dagegen sehen sich die Serben als Kämpfer für die Befreiung aller Südslawen (Jugoslawen) erst von Österreich-Ungarn, dann von Nazi-Deutschland. Wegen des Zanks um die historische Einordnung des Attentäters hielten sich viele Spitzenpolitiker auch 100 Jahre später noch der Versöhnungsfeier in Sarajevo fern.

In Serbien wird am 28. Juni traditionell der verlorenen Schlacht von 1389 gegen die Osmanen auf dem Amselfeld gedacht. Als die Todesnachricht 1914 die Runde macht, verwandelt sich die Zeremonie zum Volksfest. Russlands Botschafter in Belgrad sagt seine Bridgeparty am Abend nicht etwa ab. Franz Ferdinands Hinscheiden sei ein »Segen«, soll er gesagt haben.

Den Londoner Gazetten sind die Ereignisse auf dem Balkan eine knappe Meldung wert

In Paris erfährt Frankreichs Präsident Raymond Poincaré zwischen dem dritten und vierten Pferderennen vom Attentat. Deswegen verlässt er seine Loge in Longchamp jedoch nicht. Während einer Regatta der Kieler Woche wird der deutsche Kaiser Wilhelm II. auf der Yacht Seiner Majestät informiert. Er bricht das Rennen ab, trifft jedoch in Berlin niemanden an: Sein Reichskanzler weilt auf dem Landsitz, der Staatssekretär des Auswärtigen Amtes befindet sich auf Hochzeitsreise, und die Oberbefehlshaber von Heer und Marine sind im Urlaub.

Den Londoner Gazetten ist das Attentat von Sarajevo eine knappe Meldung wert. Die Regierung Seiner Majestät Georgs V. hat andere Sorgen. Premierminister Herbert Henry Asquiths Bemühungen um die irische Selbstverwaltung führen in Irland beinahe zum Ausbruch eines Bürgerkriegs um Nordirland – das ist das Thema.

In der Sommerfrische von Ischl reagiert Kaiser Franz Joseph, seit 1848 auf dem Thron, kühl auf die Depesche aus Sarajevo. Er hat es seinem Neffen nie verziehen, dass der aus Liebe eine für die Habsburger nicht ausreichend adelige Frau geheiratet hatte. Er verbietet, die Ermordeten in der Kapuzinergruft zu bestatten. »Der Allmächtige lässt sich nicht herausfordern«, murmelt der Greis. »Es ist für mich eine große Sorge weniger.« Um sich nach einer kurzen Pause zu erkundigen: »Und wie waren die Manöver?«

4. Weihnachtsfrieden

»Nie zuvor war ich mir des Wahnsinns des Krieges so bewusst«

Wie ist zu erklären, dass feindliche Soldaten fraternisieren, nachdem sie zuvor wochenlang versucht hatten, sich zu töten? Historiker suchen nach Gründen für die Waffenruhe in Flandern an Weihnachten 1914

Bis Weihnachten, so hatte der deutsche Kriegsherr Wilhelm II. knapp fünf Monate zuvor seinen Soldaten beim Ausmarsch aus Berlin zugerufen, würden sie wieder daheim sein. Überschwängliche Parolen zierten die Güterwaggons beim Abtransport der Truppen des Reichs an die Front: Weihnachten in Paris!

Am Heiligen Abend des Jahres 1914 vegetieren deutsche, französische, belgische und britische Soldaten im Schlamm Flanderns dahin – in rattenverseuchten Schützengräben zwischen Minenfeldern und Stacheldrahtverhauen. Rund 250.000 ihrer Kameraden erleben Weihnachten 1914 gar nicht mehr. So hoch liegt der Blutzoll dieses ungeahnten industrialisierten Gemetzels bereits nach nicht einmal einem halben Jahr Krieg.

In einer Enzyklika bittet Papst Benedikt XV. um Frieden für die Nationen. Er beschwört die Fürsten und die Völker, dem »brudermordenden Streit« ein Ende zu bereiten. Nach Ansicht der katholischen Kirche ist es zum Krieg gekommen, weil es an gegenseitiger aufrichtiger Liebe unter den Menschen fehlt und weil das Zusammenleben der verschiedenen Bevölkerungsschichten von Ungerechtigkeiten belastet wird. Die Kriegsparteien sollten wenigstens während jener Tage, an denen »die Christenheit das Fest der Erlösung der Welt feiert«, die Waffen ruhen lassen. Alle Regierungen lehnen ab.

Die Oberste Heeresleitung lässt in der Vorweihnachtswoche Tausende von kleinen Tannenbäumen mit Kerzen an den Zweigen bis in die Unterstände an vorderster Linie liefern. Gerade diese Gabe entfaltet an der Front über die Festtage eine ungeahnte subversive Kraft – als Symbol, das die christlichen Europäer über Grenzen und Nationen eint.

Jeder britische Soldat erhält ein Päckchen des Königs, in dem er eine »Princess Mary Box«

findet, eine Dose mit dem gravierten Profilbildnis von Prinzessin Mary, der einzigen Tochter Georgs V. Die Schachtel enthält Schokolade, Gebäck, Zigaretten, Tabak und eine Grußkarte Ihrer Königlichen Hoheit. »Möge Gott euch schützen und sicher nach Hause bringen«: 355.000 dieser »Princess Mary Boxes« werden 1914 verschickt.

Viele deutsche Soldaten bekommen aus öffentlichen Mitteln gestiftete Geschenksendungen ihrer Heimatgemeinden mit warmer Kleidung, Essen, Alkohol, Zigaretten und Briefen. 1914 herrscht im Gegensatz zu den späteren Kriegsjahren noch keine besondere Knappheit an Nahrungs- und Genussmitteln in Deutschland.

In der Heimatgesellschaft, bei den Konsumenten, ist der Krieg omnipräsent. »Gedränge in vielen Läden, besonders in den Kaufhäusern«, berichtet der Journalist Theodor Wolff. Wie in früheren Jahren verläuft die Bescherung (noch) üppig – allerdings in Form von Soldatenweihnachtskisten und feldgrauen Uniformen. Die Kinder spielen »Schützengraben«, Bleisoldaten und Kinderuniformen in Spielzeugläden sind fast ausverkauft.

In den Hügeln um Ypern plätschert der Regen unaufhörlich in die Festungsgräben. Er verwandelt die Äcker in zähen Morast. In den Ruinen verlassener Dörfer bilden sich Bäche. Zwischen aufgeblähten Pferdekadavern verwesen tote Soldaten auf den grauen, nebligen Schlachtfeldern. Granattrichter verwandeln sich in kleine Weiher, die Feldgräben überlaufen. Da, am 24. Dezember, verschwinden die Wolken. Es wird bitterkalt. Am Himmel prangen die Sterne.

Als legendär gelten Fußballspiele auf dem Schlachtfeld – mit Helmen als Torpfosten

»Frieden auf Erden und den Menschen ein Wohlgefallen«, wird im Lukas-Evangelium das Wunder der Geburt Jesu Christi bezeugt. Den Ruf der himmlischen Heerscharen können die Menschen an Heiligabend 1914 im belgisch-französischen Grenzgebiet nicht hören. Es ist das erste Weihnachtsfest im Ersten Weltkrieg. »Alles, was ich gehört hatte in den Schützengräben, war das Rauschen, Krachen und Jaulen der Kugeln, Maschinengewehrfeuer und entfernte deutsche Rufe«, erinnerte sich der britische Kriegsveteran Alfred Anderson, der 2005 im Alter von 109 Jahren starb. Er hatte das

»Weihnachtswunder« an der Westfront miterlebt. Anderson ist 18 Jahre alt, als am Morgen des 25. Dezember 1914 plötzlich die Waffen schweigen. Die vom Kaiser geschenkten Christbäume leuchten statt des Mündungsfeuers. Schilder werden hochgehalten mit den Aufschriften wie »Frohe Weihnachten« oder »Merry Christmas«. Die Feinde in Uniform – vor allem Deutsche, Österreicher und Briten – klettern aus den Schützengräben, schütteln sich die Hände, singen Weihnachtslieder und tauschen deutsches Bier gegen englisches Beef. Als legendär gelten Fußballspiele auf dem Schlachtfeld – mit Helmen als Torpfosten.

»Es kam ein englischer Offizier mit weißer Fahne herüber«, schreibt der Student Karl Aldag in einem Feldpostbrief nach Hause, »und bat um Waffenruhe von 11 bis 3 Uhr zur Beerdigung der Toten. Es konnte nicht so weitergehen, und so schickten wir hinüber, sie möchten in den Graben gehen, wir würden schießen. Da antwortete der Offizier, es täte ihm leid, ihre Leute gehorchten nicht mehr. Sie hatten keine Lust mehr. Die Soldaten sagen, sie könnten nicht mehr im nassen Graben liegen. Frankreich wäre kaputt. Es sind ja Söldner, sie streiken einfach. Wir schossen natürlich nicht, denn auch unser Laufgraben ist stets voller Wasser, und es ist gut, dass wir über die Deckung gehen konnten ohne Lebensgefahr. Unsere Leutnants gingen hinüber und schrieben sich in ein Album der englischen Offiziere ein. Eines Tages kam ein englischer Offizier und bestellte, ihre Oberleitung hätte die Beschießung unserer Gräben befohlen, wir möchten Deckung nehmen.«

In erster Linie findet »Christmas Truce« unter Mannschaften und Unteroffizieren statt. Britische und deutsche Zeitungen berichten davon. Diese Fraternisierungen überraschen die militärischen Führungen beider Seiten. General Horace Smith Dorrien ist empört. »Um diesen Krieg schnell zu beenden, müssen wir den Kampfgeist aufrechterhalten. Ich rufe dazu auf, mir die Namen zu nennen, die an diesen Weihnachtsversammlungen teilgenommen haben.« Erich von Falkenhayn, Generalstabschef des deutschen Heeres, stellt in einem Rundbefehl unmissverständlich klar, dass Fraternisieren unter Hochverrat fällt.

Man habe vorgehabt, »drei Choräle zu präsentieren, dann fünf Runden Feuer«

Doch noch können sich selbst pflichtschuldige Militärs der geheimnisvollen Kraft des

Weihnachtszaubers nicht durchweg entziehen. In seinem Buch »Der kleine Frieden im Großen Krieg« berichtet Autor Michael Jürgs von einer Begebenheit, bei der sich eine britische Einheit für Heiligabend eine Kriegslist zurechtgelegt hatte: Mit Weihnachtsliedern wollten diese Engländer den Gegner einlullen, um ihn dann unvorbereitet mit einem wohl gezielten Artillerieüberfall zu treffen. Man habe vorgehabt, den Deutschen »drei Choräle zu präsentieren, dann fünf Runden Feuer«, zitiert Jürgs aus einem Brief des Schützen Ernest Moreley.

Die Deutschen allerdings durchkreuzen den perfiden Plan auf einfache Weise. Nachdem das Lied »While Shepherds Watched their Flocks by Night« aus den englischen Gräben verhallt ist, geschieht nämlich Unvorhergesehenes: »Wir hörten aufsteigenden Gesang, sozusagen die Antwort aus ihren Gräben. Dann begannen sie zu uns herüberzurufen«, berichtete Moreley nach Hause. »Deshalb stoppten wir die Vorbereitungen für Runde zwei, die Feindseligkeiten. Sie riefen ›A Merry Christmas, English, we are not shooting tonight.‹ Wir riefen eine ähnliche Botschaft zurück.«

Auf besonders originelle Weise übermittelt eine sächsische Einheit bei Armentières dem Gegner ihren Weihnachtswunsch: Mit geübtem Wurf befördert man dort statt der üblichen Handgranaten einen gut verpackten Schokoladenkuchen in hohem Bogen in die gegenüberliegenden Stellungen, darin die schriftliche Bitte, am Abend eine Stunde lang die Waffen ruhen zu lassen. Als dann im Dunkel der Nacht deutsches Liedgut über die Todeszone schallt, steigen die Briten auf ihre Unterstände und applaudieren dem Ständchen.

»Nie zuvor war ich mir des Wahnsinns des Krieges so bewusst«, schreibt ein bayerischer Soldat. Wie lässt sich erklären, dass sich feindliche Soldaten gegenseitig verbrüdern, nachdem sie zuvor wochenlang versucht hatten, sich zu töten? Historiker nennen Gründe: den Wetterumschwung, der das Niemandsland überhaupt erst passierbar macht; die Weihnachtsstimmung, die Erschöpfung in den Truppen beider Seiten. Doch hauptsächlich die hohen Verluste der ersten fünf Kriegsmonate liefern die wahre Begründung: Die Fanatiker vom August 1914 sind bereits tot. Ihre Plätze haben meist ältere Reservisten eingenommen, Familienväter, die sich nicht von der Propaganda beeinflussen lassen. Und der Legende zum Trotz sterben auch in der Christnacht 1914 rund 100 Soldaten, vor allem in Abschnitten mit französischen und belgischen Männern, die unversöhnlicher auf dem Boden ihrer Heimatländer kämpfen.

»Der Weihnachtsfrieden war ein Beweis dafür, dass die militante Form der Anglophobie, die von Intellektuellen, offizieller Propaganda und rechtsextremen Gruppen gepflegt wurde, bei der Mehrheit der gewöhnlichen Soldaten keinen Widerhall fand; zumindest richteten sich diese Empfindungen nicht gegen die feindlichen Soldaten im gegenüberliegenden Schützengraben«, schreibt der Historiker Thomas Weber, der über die Briten hinzufügt: »Genauso wenig hatte die britische Propaganda, in der die deutschen Soldaten als verrohte Monster dargestellt wurden, die eher Tieren als Menschen ähnelten und brutalste Kriegsverbrechen begingen, die Soldaten der Manchester-, Devonshire- und Norfolk-Regimenter davon abhalten können, sich mit den Männern des List-Regiments zu verbrüdern.« Letzterem gehört ein gewisser Adolf Hitler an, der den Weihnachtsfrieden später verteufeln wird.

Die Offiziere salutieren und gehen in ihre Gräben zurück. Danach ist wieder Krieg

Der allgemeine Waffenstillstand endet an einigen englischen Abschnitten erst nach dem Boxing Day (26. Dezember, an dem traditionell Hausangestellte Geschenke in Schachteln überreicht bekommen), an schottischen erst nach deren Neujahrsfest Hogmanay. »Auf beiden Seiten herrschte eine Stimmung, dass endlich Schluss sein möge. Wir litten doch alle gleichermaßen unter Läusen, Schlamm, Kälte, Ratten und Todesangst«, beschreibt ein Soldat die »Operation Plum Pudding«, die offiziell totgeschwiegen wird. Captain C.I. Stockwell schildert das unvermeidliche Ende des Weihnachtsfriedens unter Gentlemen:
Um 8.30 Uhr werden drei Schuss in die Luft gefeuert, und die Briten hissen eine Flagge mit der Aufschrift »Merry Christmas«. Auf der anderen Seite der Front erscheint ein deutscher Hauptmann, der ein Tuch in die Höhe hält, auf dem »Thank you« geschrieben steht. Beide salutieren und gehen in ihre Gräben zurück. Ein deutscher Soldat schießt zweimal in die Luft, danach ist wieder Krieg.

In der Todeszone werden sich die Feinde nie wieder friedlich begegnen. Der Weihnachtsfrieden 1914 bleibt während des

Ersten Weltkriegs eine einmalige Episode. In den Jahren 1915 bis 1917 werden Fraternisierungen unter Androhung harter Strafen unterbunden. Und weil diese Jahre zu grausam sind – 1915 beginnt der Gaskrieg – schwindet auch bei einfachen Soldaten die Bereitschaft, sich mit den Feinden zu arrangieren.

Veteran Murdoch M. Wood behauptete 1930 vor dem britischen Parlament, die Soldaten hätten wohl niemals mehr zu den Waffen gegriffen, wäre es nach ihnen gegangen. So steckt in dieser Fußnote des Ersten Weltkriegs bis heute eine Botschaft von ungeheurer Kraft: Wenn die Menschen es wollen, hört der Krieg auf – sofort.

5. Verdun

Die Hölle von Verdun

Vor 100 Jahren werden über 300.000 Soldaten in einem sinnlosen Gemetzel geopfert. In Frankreich entsteht ein Mythos – in Deutschland der Keim zur »Dolchstoßlegende«

»Wer könnte je auch nur mit schlichten Worten / das Blut beschreiben, all die grausen Wunden, / die ich jetzt sah, auch wenn er's wiederholte? / Jedwede Zunge würde sicherlich / verstummen, weil der Geist und unsere Sprache / die Kraft nicht haben, so viel zu umfassen. / ... Und der den Stummel, jener die zerfetzten Glieder / uns zeigen würde, wär's nicht zu vergleichen / den Scheußlichkeiten all des neunten Schlundes.«

Im 28. Gesang seiner »Göttlichen Komödie« hat Italiens größter Dichter Dante Alighieri (1265–1321) den untersten Kreis des Infernos erreicht. Die Menschheit erlebt die Hölle rund 600 Jahre später. Bei Verdun.

Am 21. Februar 1916 schlägt um 8.12 Uhr eine Granate des Kalibers 38 Zentimeter aus 22 Kilometern Entfernung in der Nähe des Bischofspalastes von Verdun ein. Mit

1400 Geschützen aller Kaliber werden in den ersten 18 Tagen der Schlacht drei Millionen Granaten abgefeuert. Das Schlachtfeld verwandelt sich innerhalb weniger Wochen in eine Kraterlandschaft. Phasenweise setzen die Kriegsgegner 4000 Geschütze in dem relativ kleinen Kampfgebiet ein. Im Schnitt gehen pro Stunde 10.000 Geschosse vor Verdun nieder. Unter ohrenbetäubendem Lärm schleudern sie Massen an Erde in die Luft, die Soldaten bei lebendigem Leib begraben. Wegen des permanenten Maschinengewehrfeuers bleiben Tote und Verletzte im Niemandsland zwischen den Fronten liegen. Im Sommer liegt ein schwerer Leichengestank zwischen den Stellungen.

Die Frontsoldaten warten oft mehrere Wochen lang auf Nachschub oder Ablösung – vergeblich im ununterbrochenen Geschosshagel. Stundenlang müssen sie ihre Gasmasken tragen und mehrere Tage ohne Nahrung auskommen. Viele trinken verseuchtes Wasser aus Granattrichtern oder ihren eigenen Urin. Regen verwandelt die »Knochenmühle« in ein Schlammfeld. Pferdegespanne, eingesetzt zum Transport von Geschützen, erleiden extrem hohe Verluste: Bis zu 7000 Pferde kommen an manchem Tag um.

In den Forts vor Verdun herrschen katastrophale hygienische Verhältnisse.

»Nachts um ein Uhr wieder Abmarsch. Plötzlich Schuss auf Schuss, Schlag auf Schlag«, schildert ein Frontsoldat den täglichen Irrsinn: »Einen meiner Leute wirft's vom Pferd, einem von der Artilleriekolonne wird der Arm weggerissen, ein anderer wird am Kopf schwer verwundet, und wieder schreit einer auf in furchtbaren Schmerzen. Und da steht man, ohne Deckung, und kann nicht helfen.«

Warum nur wurde diese Hölle entfesselt?

Erich von Falkenhayn, Chef der Obersten Heeresleitung (OHL), drängt auf eine endgültige Entscheidung im Kriegsjahr 1916. Die Hilfsmittel, die seit Herbst 1915 aus den USA an die alliierten Mächte fließen, lassen auf Dauer eine Materialüberlegenheit Großbritanniens und Frankreichs erwarten, mit der das Kaiserreich nicht konkurrieren kann. Die OHL plant deshalb einen massiven Angriff auf das französische Festungszentrum.

Frankreich soll dort verbluten, damit es dann widerstandslos erobert werden kann

Verdun ist für die Franzosen der Schlüssel für Paris. Das Fort Douaumont wird zum Brennpunkt der Schlacht. Es gehört zum Festungsgürtel, den Frankreich nach dem verlorenen Krieg von 1870/71 durch Verstärkung alter Forts angelegt hat. Daher rechnet von Falkenhayn damit, dass die Franzosen alle Kräfte mobilisieren werden, um Verdun zu halten. Frankreich soll dort verbluten, damit es dann widerstandslos erobert werden kann. Falkenhayn konzentriert das bisher größte deutsche Heeresaufgebot und Kriegsmaterial in bisher nicht gekanntem Ausmaß vor Verdun.

Der Angriff erfolgt nach einer neuen Vernichtungstaktik: Die Stellungen der Gegner werden unter Trommelfeuer genommen. Darauf beginnt ein Vorstoß. Gelingt die Attacke nicht, dann wiederholen sich Maschinengewehrsalven und Gaseinsatz, bis die Kräfte des Gegners aufgerieben sind. Mit hohem Menschen- und Materialeinsatz erobern die Deutschen Fort um Fort, darunter auch Douaumont bereits am 25. Februar.

»Nur Mut! Wir kriegen sie noch!« heißt es im legendären Tagesbefehl des Generals Henri Philippe Pétain vom 9. April nach der erfolgreichen Abwehr der deutschen Versuche, die Höhen 304 und »Toter Mann« zu erobern. Am 28. April wird Pétains offensiverer Nachfolger Robert Nivelle Kommandant der 2. Armee. Der erscheint selbst häufig an der Front, um die Moral seiner Truppe zu heben, und verspricht seinen Soldaten immer wieder: »Ils ne passeront pas (Sie werden nicht durchkommen)!« Am 2. Juni stürmen die Deutschen unter dem Befehl des Kronprinzen Wilhelm dennoch Fort Vaux. Der Durchbruch auf Verdun steht bevor.

Aufgrund der alliierten Vorbereitungen auf die Schlacht an der Somme im Mai und Juni müssen dann aber immer mehr deutsche Soldaten vor Verdun abgezogen werden, sodass die Operationen allmählich versanden. Die Franzosen erobern Douaumont und Vaux zurück. Auf beiden Seiten werden die Oberbefehlshaber, Falkenhayn und Joseph Joffre, der Sieger in der Marne-Schlacht von 1914, abgelöst. Am 19. Dezember 1916 beendet die neue OHL unter Paul von Hindenburg und Erich Ludendorff den Angriff auf Verdun.

Zwei Drittel aller französischen Soldaten waren Teil der »nationalen Bewährung«

Das deutsche Ziel, die französische Armee aufzureiben, ist nicht erreicht worden. Die deutschen Verluste an Soldaten liegen geschätzt bei 337.000 (150.000 Gefallene), die der Franzosen bei 377.000 (167.000 Tote). Ein unverhältnismäßig hoher Preis für einen Geländegewinn von kaum 15 Kilometern. Dabei war die Schlacht mitnichten die blutigste des Ersten Weltkriegs. »Aber sie dokumentierte das gesteigerte Missverhältnis zwischen Aufwand, Opfern und Ertrag und damit die Unzulänglichkeit, eine überzeugende Antwort auf die Tötungswirkung moderner Waffen auf einem begrenzten Gefechtsfeld zu finden«, zieht der Freiburger Historiker Jörn Leonhard in seinem Weltkriegs-Epos »Die Büchse der Pandora« das Fazit des Gemetzels.

Leonhard erklärt aber auch, warum aus Verdun ein Mythos entstand – zumindest aus französischer Sicht. Die Stilisierung »zum Moment der entscheidenden Bewährung der ganzen Nation« gründete auf dem Rotationssystem an der Front: 80 von 95 Divisionen, 78 Prozent aller Regimenter nahmen an der Schlacht teil. Zwei Drittel aller französischen Soldaten konnten sich als Verdun-Kämpfer bezeichnen. »Über die Soldaten und ihre Verbindung zur Heimat war auch die ganze französische Gesellschaft in diesen Prozess eingebunden. Das sicherte der Schlacht ihre überragende Funktion als kollektiver Erfahrungs- und Erinnerungsort bereits während des Krieges«, fasst Leonhard zusammen.

Anders in Deutschland. Die Soldaten, die, wie das Württembergische Landwehr-Infanterie-Regiment Nr. 122, bis zu sechs Wochen ununterbrochen in vorderster Frontlinie eingesetzt wurden, nahmen allmählich die Unverhältnismäßigkeit zwischen Opfern und Geländegewinnen wahr. Die militärische Führung stahl sich mit ähnlichem Erklärungsmuster aus der Verantwortung wie später 1918/19 über die »Dolchstoßlegende« mit dem angeblich von der Heimat im Stich gelassenen Heer. »Das Bild eines heroischen Schlachtentodes und eines patriotischen Opfers in einem gerechtfertigten Krieg zur Verteidigung der eigenen Heimat verlor immer mehr an Überzeugungskraft und Glaubwürdigkeit«, analysiert Leonhard: »In der symbolischen Konzentration des Krieges auf einen Ort kam Verdun eine ähnliche

Bedeutung zu wie der Schlacht von Stalingrad im Zweiten Weltkrieg.«

Verdun heute. Die Landschaft hat sich nach wie vor nicht vollständig erholt. Blindgänger, Gewehre, Helme, Ausrüstungsstücke und menschliche Knochen befinden sich im Erdreich des Schlachtfelds. Douaumont und Vaux können besichtigt werden, ebenso zahlreiche Friedhöfe und Beinhäuser sowie das Museum von Fleury. Seit dem 22. September 1984, als sich Präsident François Mitterrand und Bundeskanzler Helmut Kohl über den Gräbern von Verdun die Hände reichten, gedenken Frankreich und Deutschland gemeinsam des sinnlosen Massensterbens ihrer Kriegsteilnehmer. Am Fort Douaumont wehen neben der Trikolore die deutsche und die europäische Fahne.

1916 war das anders. Der Krieg wurde fortgesetzt. Jedes Einlenken hätte alle bisherigen Opfer entwertet und die Legitimation der Nationen infrage gestellt. »Der Krieg ernährte sich gleichsam aus sich selbst«, schildert Historiker Leonhard die ausweglose Situation: »Jedes Opfer verlängerte den Kampf durch die Entschlossenheit auf allen Seiten, erst mit dem Sieg den Sinn des Opfers zu erweisen. Aus dieser Logik konnten sich die Befehlshaber auf keiner Seite befreien.«

Wie Geschichte sich unter diesem speziellen Aspekt wiederholt, erleben wir 100 Jahre danach in verschiedensten Konfliktherden dieser Welt: in Syrien, im Nahen Osten, in der Ukraine, …

6. Franz Joseph

Vater seiner vielen Völker

48 Jahre lang war Franz Joseph Friedenskaiser. Dann löste er mit seiner Unterschrift den Ersten Weltkrieg aus. Seit seinem Tod am 21. November 1916 lebt er als bestens vermarkteter Untoter weiter

Am Morgen des 21. November zeigt sein Thermometer 38,1 Grad Fieber an. Trotzdem setzt er sich schon um halb vier Uhr an den Schreibtisch. Etwas früher als gewöhnlich, weil er meint, das langsamere Arbeitstempo durch mehr Zeit wettzumachen. Der Bronchialkatarrh hat sich zu einer Lungenentzündung ausgewachsen. Am Vormittag empfängt er die Eucharistie. Um ihm seinen ernsten Zustand zu verharmlosen, heißt es, der Hofpfarrer überbringe den Segen des Papstes; davor solle Seine Majestät beichten und kommunizieren.

Dem Thronfolger-Paar erklärt er am Mittag, er habe zum Kranksein keine Zeit. Danach wird ihm eine Hühnersuppe kredenzt. Um sieben Uhr abends bringt man ihn zu Bett – zwei Stunden früher als gewöhnlich. »Bitte, mich morgen um halb Vier zu wecken; ich bin mit meiner Arbeit nicht fertig geworden.« Um halb neun Uhr abends erhält er die Letzte Ölung. Um fünf Minuten nach Neun hört der Leibarzt nichts mehr. Kaiser Franz Joseph verlöscht wie eine Kerze, die das letzte Quäntchen Wachs verzehrt hat.

Der Nimbus, der den Herrscher der k.u.k. Monarchie von Österreich-Ungarn schon zu Lebzeiten umgab, ist auch heute noch ungebrochen. Im Revolutionsjahr 1848 auf den Thron gekommen, war die lange Zeit seiner Regierung von krassesten Gegensätzen geprägt. 1859, sogar als Oberbefehlshaber des Heeres gegen Frankreich auf dem Schlachtfeld von Solferino, und 1866 verlor er seine italienischen Provinzen – und im gleichen Jahr den Entscheidungskampf gegen Preußen in der Schlacht von Königgrätz um die Vorherrschaft in Deutschland. Bereits 1853 hatte er es sich durch Österreichs Neutralität im Krimkrieg für alle Zeit mit Russland verdorben, das seinerseits den Habsburgern fünf Jahre zuvor den Machterhalt gesichert hatte.

**Bevorzugung der Ungarn barg den Keim der
Nationalitäten-Konflikte auf dem Balkan in sich**

Nichts als Niederlagen. Die er 1867 über den Ausgleich mit Ungarn zu kompensieren trachtete. Doch die Bevorzugung der Magyaren in seinem Vielvölkerstaat barg den Keim der Nationalitäten-Konflikte in Böhmen und auf dem Balkan in sich. Das Bündnis 1879 mit dem Deutschen Reich verstärkte Österreich-Ungarns Isolation innerhalb Europas sowie den wachsenden Gegensatz zu Russland, Serbien und Italien – erst recht nach der völkerrechtswidrigen Annektion von Bosnien-Herzegowina 1908.

Alles andere als eine erfolgreiche Politik also. Während dieser Zeit schoss der Kaiser Zigtausende Böcke – an Wild –, verbrachte jeden Sommer in Bad Ischl, vertrieb mit dem strengen Hofzeremoniell seine geliebte Kaiserin Elisabeth, genannt Sisi, die auf ihrer Flucht durch ganz Europa schließlich 1898 in Genf von einem Anarchisten erstochen wurde. Sein den Staatsgeschäften ferngehaltener, liberaler Sohn Rudolph hatte neun Jahre zuvor mit seiner letzten von unzähligen Geliebten auf Schloss Mayerling seinem drogensüchtigen Leben ein Ende gesetzt. In diesem, an privaten Tragödien reichen Leben nahm Franz Joseph auch die Ermordung seines Neffen Franz Ferdinand und dessen Gemahlin Sophie am 28. Juni 1914 in Sarajevo als gottgegeben hin. »Der Allmächtige lässt sich nicht herausfordern«, waren seine lapidaren Worte nach Erhalt der Nachricht. Zur Erklärung: Der Thronfolger hatte nicht standesgemäß geheiratet.

Wie überhaupt in seinem gesamten politischen Leben schlitterte der gleichermaßen pflichtbewusste wie penible oberste Beamte seines morschen Reiches, der sich wie alle Habsburger vor ihm noch als gottgesandt betrachtete, in eine letzte Katastrophe hinein. Die er, aus einer völlig anderen Epoche stammend und zunehmend senil geworden, gar nicht mehr begreifen und als Marionette seines Hofstaats wohl auch nicht verhindern konnte: den Ersten Weltkrieg.

48 Jahre lang war Franz Joseph Friedenskaiser gewesen. Dann musste er sich »an meine Völker« richten und fast entschuldigend erklären, warum er zum Schwert griff. Auf Kriegs-Postkarten betet er, der den Krieg nicht wollte und, quasi zu seiner Ehrenrettung, laut Historikern von seinen Militärs zur Kriegserklärung an Serbien am 28. Juli 1914 gedrängt wurde, für den Frieden. Seine

Herrschaft begann mit Krieg und endete im Krieg. Der nicht – Fehleinschätzung seiner »Falken« unter Beamten und Generälen – lokal begrenzt werden konnte. Seinem Nachfolger Karl blieb nach dem militärischen Desaster nicht viel mehr als die Exekution der Konkursmasse. Zwei Jahre nach Franz Joseph war auch das Habsburger Reich Geschichte.

An Franz Joseph scheiden sich die Geister der Historiker: Die einen kritisieren ihn als den Inbegriff der Reaktion und des Neoabsolutismus, andere wiederum sehen in ihm die Verkörperung der bewahrenden Kräfte, als einen, der vergebens versuchte, der zerstörerischen Tendenzen in seinem Riesenreich Herr zu werden. Banal in Denk- und Handlungsweise, beständig, handelte er nach Prinzipien und stützte sich auf Aristokratie, Beamtenschaft, Kirche und Heer, allerdings nicht mit dem Ziel, seine Monarchie als Vision unter den Völkern erscheinen zu lassen.

Die Mythos-Industrie setzte sich 1955 mit den Sissi-Filmen weltweit in Bewegung

Am 12. Juni 1908 feierten die Untertanen in einem Huldigungsumzug in Wien das 60-jährige Thronjubiläum Seiner Majestät. Es war nicht die Staatskunst des Jubilars, die das multinationale Reich zusammenhielt, sondern die bloße Existenz des Langzeitkaisers. Sie wurde zum Symbol für Kontinuität und Sicherheit.

Den Werbe- und Propagandaeffekt von Film und Fotografie hatte Franz Joseph noch selbst erkannt. Zu den Thronjubiläen sind Kalender, Ansichtskarten und Jubiläumsbücher verkauft worden. Zum ersten Mal wurde Politik durch Bilder ersetzt. Die Mythos- und Vermarktungsstrategie setzte sich 1955 mit den Sissi-Filmen weltweit in Bewegung. Heute sind Franz Joseph und Elisabeth bestens vermarktete Untote. Der Franz-Joseph-Mythos baut auf der Verklärung des Staatsmännisch-Väterlichen, der Entkoppelung von Politik und Person. Franz Joseph ist in der Politik zurückgetreten und hat als Bild einer Epoche, in der alles Walzer tanzte, überlebt. Sein weißer Backenbart schafft die kaiserlich-väterliche Assoziation.

Neben dem Mythos um die Person des gebeutelten Kaisers, der sich zwischen Melange und Sachertorte bei seiner Geliebten Katharina Schratt unweit des Hofgartens von Schloss Schönbrunn zum Kaffeetratsch trifft, entstand schon früher die Moritat von der guten alten k.u.k. Multikulti-Zeit. Joseph Roth hat ihr in seiner Erzählung »Die Büste des Kaisers« ein Denkmal gesetzt. Darin wird Franz Joseph, der längst in der Kapuziner-Gruft ruht, von Anhängern der k.u.k. Monarchie ein weiteres Mal bestattet. In Form einer zu entsorgenden Büste.

Der ukrainische Schreiner Nikita Kolonin zimmert einen Sarg aus Eichenholz. Der polnische Schmied Jaroslaw Wojciechowski gestaltet einen Doppeladler aus Messing, der auf den Deckel des Sargs genietet wird. Der jüdische Thoraschreiber Nuchim Kapturak schreibt mit seinem Gänsekiel auf eine kleine Pergamentrolle den Segen und legt sie in den Sarg. Drei Geistliche, römisch-katholischen, griechisch-orthodoxen und jüdischen Glaubens, folgen dem Sarg. Der Graf Morstin, übernationaler Österreicher mit italienischen und polnischen Wurzeln, und der Bürgermeister des ostgalizischen Dörfchens Lopatyny hatten die Büste Franz Josephs in diesen gebettet. Vier kräftige Bauern nehmen ihn auf die Schultern. Im Dragonerhelm, mit gezücktem Säbel folgt der Graf. Hinter ihm, mit rundem schwarzem Käppchen auf dem silberhaarigen Kopf, der Jude Salomon

Piniowsky, die schwarz-gelbe Fahne mit dem Doppeladler in der Hand.

Symbolisch trägt Roth die k.u.k. Monarchie zu Grabe. Melancholisch blickt sein an die Riviera geflüchteter Graf zurück: »Meine alte Heimat, die Monarchie, war ein großes Haus mit vielen Türen und Zimmern, für viele Arten von Menschen. Man hat das Haus verteilt, gespalten, zertrümmert. Ich habe dort nichts mehr zu suchen.«

Das Symbol, das alle vereinte, heißt Franz Joseph. Darin besteht seine Verklärung. Ein Monarchist wie Georg Lohmeier, der einen ähnlichen Kult und Kitsch um den bayerischen Märchenkönig Ludwig II. betrieb, ist einmal gefragt worden, warum er für die Rückkehr dieser überkommenen Staatsform warb. Der Volksschriftsteller räumte ein: »Besser wär's nicht.« Um im selben Atemzug hinzuzufügen: »Aber schöner wär's halt schon!«

Für die Wiener und ihren alten Kaiser gilt das auch.

LENIN
(1917 und die Folgen)

7. Februarrevolution

Die Macht auf der Straße: Lenin greift zu!

**1917 weckt die Februar-Revolution kurz
die Hoffnung auf ein demokratisches Russland –
naturgemäß muss sie scheitern**

Wie eine Sphinx, voller Rätsel und Widersprüche, erscheint dem Menschen westlicher Kultur das Wesen der Russen. Tolstoi und Dostojewski haben die slawische Seele mit all ihren Himmelshöhen und Abgründen ausgelotet, analysiert, seziert. Und dennoch bleibt ein Rest des Rätsels für jeden, der nicht Russe ist. Der Mensch im Westen ist durch eine ganz andere Landschaft und Geschichte geformt. Landschaft und Geschichte aber sind entscheidende Faktoren, die ein Volk über Jahrhunderte hinweg in Charakter und Seele prägen. Auch in Russland.

Die monotone Weite des Landes, die etwas barbarisch Großartiges besitzt, verleitet zur Meditation, zur Melancholie, zur Fügsamkeit, zum Dulderdasein. Die unendlichen Horizonte beflügeln aber auch die Fantasie, sie verlangen nach dem Gegensatz. Und siehe da – diese Ebene wird abrupt durchschnitten von den riesigen Strömen, der Wolga, dem Dnjepr, dem Ob. Alles ist in diesem Lande gewaltiger, gigantischer und deshalb auch disharmonischer. Wie das Land aber, so auch die Menschen.

Wie ein Wirbelsturm fegte der Volkszorn das abgewirtschaftete Zarenregime hinweg Jahrhundertelang fügt sich der russische Mensch ins Knechtsdasein; er schreitet auf den grenzenlosen Ebenen seiner Heimat. Dann aber, ebenso wie die unendlichen Steppen ohne jeden Übergang durch die ungestüme Kraft der großen Ströme zerteilt werden, reißen in der russischen Seele Abgründe auf, Energien werden frei, die nicht mehr zu zügeln sind. Die Selbstvernichtung vor Augen, dient der Russe nur einer Idee, seiner »Prawda«, seiner ganz persönlich erkannten Wahrheit, die absolut vernunft- und wahrheitswidrig sein kann. Aber keine Macht der Welt kann ihn dann von seinem falschen, blutbefleckten Weg, vom Pfad des Bösen, wieder abbringen. Dostojewski hat das einmal mit folgenden Worten ausgedrückt: »Die höchste russische Idee ist es, Ideen zu verwirklichen.«

So wie die Landschaft ein Gleichnis für den sprunghaften und wandelbaren russischen Charakter ist, ebenso ist die Geschichte des Landes ein Sinnbild dafür. Der Mongolensturm im 13. Jahrhundert löschte ein freiheitliches Staatsbewusstsein bei den Reußen aus, kaum dass es sich überhaupt geregt hatte. Die Zeit der Selbstherrscher begann. Das moralisch geschwächte Volk duckte sich unter den Knuten der Mongolen und der eigenen Fürsten. Aus dieser Hörigkeit ist das russische Volk bis heute nicht herausgekommen. Jahrhundertelangen Epochen demütigender Sklaverei folgten kurze, aber elementare Ausbrüche des Volkszorns. Wie ein Wirbelsturm fegte ein solcher 1917 das abgewirtschaftete Zarenregime hinweg. Nach Jahrhunderten des Duldens entdeckte der Russe die Lust am Chaos, ohne an das Morgen zu denken. Dafür dachten andere. Sie rechneten kalt.

Für ein solches Volk sind nüchterne Naturen an sich nicht typisch. Aber wenn eiskalte

Rechner, Menschenverächter, unter solchen Menschen auftreten, wird die Masse bloßes Material in ihren Händen. Sie duckt sich wieder und wird erneut hörig bis zur Selbstaufgabe. Solche gefühllosen Verwalter der Macht und Kenner der russischen Eigenart waren Peter der Große – und Wladimir Iljitsch Lenin (später auch Jossif Wissarionowitsch Stalin und Wladimir Wladimirowitsch Putin). Auf die grenzenlose Begeisterungsfähigkeit, auf die Lust am Chaos, aber auch auf die Ziellosigkeit und Fügsamkeit des russischen Menschen vertraute Lenin bei seiner Revolution. Der zynisch kalte Rechner hatte sich nicht getäuscht. Er entfesselte bewusst die wilden Instinkte des ostslawischen Volkes.

Im Januar 1917 hält Lenin im Zürcher Volkshaus eine Rede. Aus seinen Worten spricht Resignation: »Die Alten werden vielleicht die Kämpfe der kommenden Revolution nicht erleben.« Es ist eine Rede zum Gedenken an den Januar 1905. Auch da lebte Lenin im Schweizer Exil. Damals konnte er nur Zeitung lesen, um an der Welt beteiligt zu sein. St. Petersburg in jenem Januar 1905: ein Massaker, ein blutiger Sonntag. 200.000 demonstrieren für Reformen, ein Bittgang, geführt von einem Priester. Über

1500 Tote und Verletzte. Immerhin, eine Volksvertretung, die Duma, wird zugelassen. Lenin wütend: »Bourgeoiser Firlefanz!« Der Umsturz bleibt aus.

> »Keine Kompromisse! Arbeiter, Soldaten, jetzt nur nicht wieder demokratieweich werden!«
> (Wladimir Iljitsch Lenin)

Nun, im Februar 1917, mitten hinein in die Schweizer Lethargie, platzt die Nachricht: Revolution in Petrograd! Lenin liest die »Neue Zürcher Zeitung« und traut seinen Augen kaum. Seine Frau Nadeschda Krupskaja berichtet: »Wir gingen in ein Café und sangen leise die Internationale – so freudig erregt über die Ereignisse in der Ferne.«

Zar Nikolaus II. ist erledigt. Am 15. März 1917 dankt der letzte Romanow ab.

Die Zarenfamilie ertrug mit erstaunlicher Geduld die Demütigungen des Hausarrests zuerst in Zarskoje Selo, später in Jekaterinburg. Dort wurde sie in der Nacht zum 17. Juli 1918 von den Bolschewiki »hingerichtet«: erschossen und verscharrt. Über 300 Jahre lang hat die Dynastie der Romanows Russland beherrscht: Michail I. wurde 1613 von einer Volksversammlung gewählt. Unter Peter dem

Großen (1672-1725) stieg Russland zur europäischen Großmacht auf. Peter krönte sich zum ersten Kaiser des Russischen Reiches. Nikolaus II. und seine Familie wurden im Jahr 2000 als »Märtyrer« von der russisch-orthodoxen Kirche heiliggesprochen.

Lenin fiebert, sieht vor sich die schöne scharfe Wucht der Stürmenden. Eine weitere Revolution darf er nicht versäumen. In Petrograd streiten sich die politischen Kräfte um die Neuordnung. Die Duma will den bürgerlichen Staat. Für eine Volksregierung plädieren Arbeiter- und Soldatenräte, die Sowjets. Lenin appelliert an deren Kampfausschüsse: »Keine Kompromisse! Ich höre mit Entsetzen, dass man schon seit einem halben Jahr von Bomben spricht und noch keine hergestellt hat.« So schüttelt er sich aus der Krise, ist jetzt der klare, kalte Kopf.

Der 9. April 1917. Die Emigranten im »Zähringer Hof«. Endlich Aufbruch. Mit Gesang. Zum letzten Mal verflucht Lenin Zürich: »Nennt sich Stadt, ist aber der Erstickungstod.« Die Schweizer Flagge weht ungerührt auch über den undankbaren Emigranten. Die Uhr im Bahnhof wird gleichsam Uhr der Weltgeschichte. Jede Sekunde zählt.

»Arbeiter, Soldaten, jetzt nur nicht wieder demokratieweich werden!« So hat Lenin in seinen Briefen aus der Ferne nach Petrograd geschrieben und barsch angemahnt, was er schon 1905 befahl: »Bewaffnen! Und bewaffnet bleiben! Eisenhart!«

15.10 Uhr – Signal für Lenins Zugriff auf die Geschichte. Er sieht sie als ehernes Gesetz – und ist selbst Gegenbeweis. Oft hängt Geschichte nur davon ab, ob einer zupackt oder loslässt. Lenin wird nie wieder loslassen.

Ein letzter Blick auf das Exilland. Vielleicht wird Lenin bewusst, da draußen kehren die Landschaften das hervor, was seinem Leben fremd bleiben muss: Lieblichkeit, Gemächlichkeit, das kleine Glück im Beschaulichen. Er ist ein fortwährend Fiebriger des Aufbruchs.

Der Deutsche Kaiser lässt die russischen Todfeinde durch sein Territorium reisen

Der Zug hält in Singen. Steht eine ganze Nacht. Ungewissheit beschleicht Lenin. Singen liegt im Deutschen Reich. Deutschland ist für Russen Feindesland. Aber es gibt Verabredungen. Er sitzt in einem Zug, dessen Fahrt ein riskanter, ein gefährlicher politischer Pakt zugrundeliegt. Der Deutsche Kaiser hat sich entschieden, die russischen Todfeinde durch sein Territorium reisen zu lassen. Er weiß, dass dieser Lenin seinem eigenen Land die militärische Niederlage wünscht. Zurückgekehrt nach Russland, wird jener also die Kriegsmüdigkeit schüren. Während die Soldaten aller Nationen vereint verbluten, wäscht eine Hand die andere: Lenin erhält freie Fahrt, seine Partei viel Geld von Wilhelm II., und sollte er in Russland die Macht übernehmen, würde er im Gegenzug Frieden schließen mit den Deutschen (wie es 1918 in Brest-Litowsk tatsächlich geschieht).

So vermischt sich die heiße Luft der Ideale mit dem kalten Hauch der Taktik. In Petrograd hatte die Februar-Revolution 1917 eine Atmosphäre aus Erleichterung und Jubel hervorgerufen. Bislang gab es nach jeder Revolution in der Welt erbitterte Machtkämpfe. Aber in Russland warten die Generäle auf eine Autorität. Die provisorische Regierung um den selbstverliebten Alexander Kerenski sitzt nur schüchtern herum. Der Arbeiter- und Soldatenrat verkündet zwar tönend Manifeste, verweigert sich aber der praktischen Politik. Die Macht liegt auf der Straße, und unentwegt Demonstrierende stampfen aufgekratzt darüber hinweg.

Petrograd, einst St. Petersburg, ein pulsierendes politisches Vakuum, dem Lenin mit seiner Intelligenz, der radikalen Entschiedenheit und seinem putschistischen Genie entgegenfährt. Er schreibt an einem Papier, das als »April Thesen« in die Geschichte der eingeht. Es ist die Magna Charta seiner Revolution. Eine Schrift wie der ganze Lenin: intelligent, jäh, eisig, selbstgewiss, unverschämt, machtgierig. An seine Schwester Anna telegrafiert er: »Ankommen 11 Uhr abends. Verständige Prawda.« Er will über seine Zeitung Publicity, nicht als unerkannter Exilant heimkehren.

Zehn Minuten Verspätung. Ankunft auf dem Finnischen Bahnhof. Es ist der 16. April 1917. Der Bahnhof ist überfüllt. Lenin erfasst sofort die Lage. Er fühlt sich wie neugeboren, wird gleichsam erhoben vom Jubel der Massen. Sie verkörpern die allgemeine Verunsicherung: Wie geht es weiter? Lenin steigt auf einen Panzerwagen und hält eine Rede. Er weiß nichts Konkretes von der aktuellen Situation in der Stadt. Die Morgenröte der weltweiten sozialistischen Revolution bricht an.

Im Verlauf des Jahres 1917 wird Russland nicht zu einer demokratischen Republik, sondern zu einer kommunistischen Diktatur.

Der spätere Sturm auf den Winterpalast des Zaren im Oktober hat nie so stattgefunden, wie ihn Sergej Eisenstein drei Jahre später verfilmte. Die Bolschewiki konnten die Macht ergreifen, weil sie den Arbeitern mit Parolen in den großen Städten klare Antworten auf die wichtigsten Probleme gaben: Friede – Freiheit, Land und Brot! Wladimir Iljitsch Lenins Radikalität steht dafür sinnbildlich: »Große Fragen werden im Leben der Völker nur durch Gewalt entschieden.«

8. Oktoberrevolution

Der Coup war das Werk zweier Despoten

1917 initiierten Lenin und Trotzki die Oktoberrevolution. Aus der Diktatur des Proletariats entstand die Diktatur übers Proletariat

Über Nacht wird Russland kommunistisch. Die Oktoberrevolution fordert bis zur Proklamation des Sowjetstaates ganze sechs Tote.

Am 7. November 1917, dem 26. Oktober nach dem alten russischen Kalender, dringen um zwei Uhr morgens unter dem Befehl des Bolschewisten und Führers des Militär-Revolutionären Komitees, Leo Trotzki, Matrosen und Soldaten, die Roten Garden, in Petrograd ein und besetzen die wichtigsten Zentren: Telefon- und Telegrafenzentralen, Ministerien, Staatsbanken und die Bahnhöfe. Den Sitz der Regierung im Winterpalais, der von Frauenbataillonen verteidigt wird, greifen sie nicht an. So kann Regierungschef Alexander Kerenski im Wagen des amerikanischen Botschafters fliehen, um an der Front regierungstreue Truppen gegen die Bolschewisten zu sammeln.

Erst am Abend bereiten die Roten den Angriff auf das Winterpalais vor. Trotzki stellt ein Ultimatum zur Kapitulation. Ein Schuss aus der Bugkanone des Panzerkreuzers »Aurora« gibt am Abend des 25. Oktober (6. November) das vereinbarte Signal für die Besetzung des Palasts. Im sogenannten Kleinen Speisesaal nehmen die Revolutionäre die Minister der provisorischen Regierung fest. Beim Sturm auf das Winterpalais fallen sechs Soldaten.
Um 22 Uhr veröffentlicht Trotzki folgende Erklärung: »Die provisorische Regierung ist gestürzt. Die staatliche Macht ist in die Hände des Militär-Revolutionären Komitees übergegangen. Unverzüglicher Abschluss eines demokratischen Friedens, Abschaffen des Eigentums der Grundbesitzer, Arbeiterkontrolle über alle Produktion, Schaffung einer Sowjetregierung – dies alles ist gesichert.« Frieden – Land – Brot!

Kerenski gelingt es nicht mehr, eine Truppe gegen die Bolschewisten aufzustellen. Als Matrose verkleidet versteckt er sich im Land. Lenin eröffnet am 8. November den Allrussischen Sowjetkongress. Hier besitzen die Bolschewiki keine Mehrheit. Der Sturz der

Regierung Kerenski wird aber stürmisch gefeiert. Lenin fordert von den Delegierten die Zustimmung zur Errichtung eines sozialistischen Staatswesens zur sofortigen Beendigung des Krieges und zur Enteignung des Großgrundbesitzes.

Die nichtbolschewistischen Delegierten weigern sich, plötzlich und unvorbereitet Beschlüsse über die Zukunft des Staates zu fassen. Sie verlassen unter Protest den Sitzungssaal. Leo Trotzki ruft Ihnen nach: »Eure Rolle ist ausgespielt, schert euch hin, wo ihr von nun an hingehört – auf den Kehrichthaufen der Geschichte!« Die verbliebenen bolschewistischen Delegierten proklamieren die Gründung des Sowjetstaates unter der Führung Lenins, Trotzkis und Grigori Sinowjews, Lenins engstem Mitarbeiter.

Geschehnisse nicht so heroisch, wie es die Propaganda vorgaukelte

Der Mythos um die Oktoberrevolution 1917 ist in der Sowjetunion und in allen kommunistischen Parteien in einer Weise gepflegt worden, die zwangsläufig auch zu Irrtümern in den westlichen Demokratien führen musste. Unter Fachgelehrten war seit

Jahrzehnten klar, dass es bei der bolschewistischen Machtübernahme so gut wie keinen Sturm auf das zaristische Winterpalais gegeben hatte, um die provisorische Regierung festzunehmen, und dass die Geschehnisse keineswegs so heroisch gewesen waren, wie es die Moskauer Propaganda vorgaukelte. Aber wie so manche Geschichtsfälschung hielt sich auch im Westen die Legende hartnäckig, nicht zuletzt wegen der filmisch glanzvollen Inszenierungen Sergej Eisensteins, welche Geschichte fast ohne jeden Anflug wirklicher Geschichte zu vermitteln versuchten.

Die Oktoberrevolution ist fast ausschließlich das Werk Lenins und Trotzkis. Lenin hielt in den entscheidenden Tagen, ja sogar Stunden, brutal jede innere Opposition in den eigenen Reihen nieder. Über seine Revolution wurde er zu einem der größten Vernichter europäischer Zivilisation. Sein Terrorregime, das ganze Gesellschaftsschichten aus dem Leben des russischen Volkes eliminierte und physisch zugrunde richtete, war der Anfang vom Ende jeder Menschlichkeit.

Noch zu Lenins Lebzeiten gehörte schlimmste Geschichtsklitterung dazu, den Aufstand der Kronstädter Matrosen in Petrograd als

Konterrevolution hinzustellen. Diese Speerspitzen ursprünglich bolschewistischer Revolution verkündeten schon im März 1921 den geistigen, politischen und moralischen Untergang von Lenins Umformungsprozess. »Das werktätige Russland, das als erster Staat die rote Fahne der Befreiung der Arbeit gehisst hat, ist vom Blut derer überströmt, die zum Ruhme der kommunistischen Herrschaft zu Tode gequält wurden. In diesem Meer von Blut ertränken die Kommunisten all die großartigen und lichten Verheißungen und Losungen von der Revolution der Arbeit«, heißt es in einer der letzten Erklärungen der blutig niedergeschlagenen aufständischen Matrosen von 1921.

Nach jeder politischen, ja sogar mathematischen Logik hätte Lenins Coup im revolutionären Russland scheitern müssen, wenn, ja wenn es Lenin nicht gegeben hätte, der noch als Todgeweihter alle Fäden zog, unbarmherzig und den Boden für Stalin bereitend. Vom ersten bis zum letzten Tag der Sowjetunion blieb das berufsrevolutionäre Erbe Lenins für die KPdSU oder – wenn man so will – für die Bolschewiki sakrosant, womit sich die offizielle Diktatur des Proletariats alsbald in eine Diktatur über das Proletariat wandelte, die auf dem Höhepunkt des Stalinismus nicht einmal mehr Gedankenfreiheit dulden wollte. Die allgegenwärtige Partei pervertierte zur Terrormaschinerie mit zentralem Befehlsempfang. Sie war politisch völlig denaturiert, als der letzte Generalsekretär Michail Gorbatschow von ihr Reformen in Richtung Pluralismus und Menschenrechte forderte. Es war sein grundlegender Irrtum, zu glauben, ein erstarrter Apparat, dem jede Eigeninitiative seit Jahrzehnten ausgetrieben worden war, könne überhaupt reformiert werden. Das Ergebnis ist bekannt.

Die Sowjetunion zerfiel 1991. Russland tut sich schwer mit der Erinnerung an die Oktoberrevolution, an Lenin. Einerseits kostete die kommunistische Herrschaft, vor allem unter Stalin, Millionen Menschen das Leben; andererseits trauern immer noch viele Russen bis hinauf zu Präsident Wladimir Putin der verlorenen Größe der Sowjetunion nach.

Für Putin ist Lenin einer der großen Zerstörer in der russischen Geschichte. »Hätte man sich nicht ohne Revolution, sondern auf evolutionärem Weg weiterentwickeln können?«, fragte er klagend. Inzwischen brandmarkt der Kremlchef schon die Idee einer Revolution als Nationalverrat. Der Langzeitpräsident fürchtet, dass sich der Volkszorn irgendwann auch gegen seine Herrschaft richten könnte. Die Botschaft der Oktoberrevolution, dass Menschen ihr Schicksal auch selbst in die Hand nehmen könnten, hält er für gefährlich.

**Nostalgiker versuchen heutzutage,
den Mythos wiederzubeleben**

Die Kommunistische Partei Russlands (KPRF) verklärt heutzutage angebliche Reformen Stalins. Von den Opfern Stalinschen Terrors – kein Wort. Den nostalgischen geklitterten Rückblick betreibt auch Putin – mit der Verherrlichung von Stalins angeblichem überragenden strategischen Beitrag zum Sieg über Nazi-Deutschland im Zweiten Weltkrieg.

Dabei erklärt sich die Feigheit und Hinterhältigkeit der Verbrechen an den eigenen Völkern, die die frühere Sowjetunion umfasste (wie seit 2014/22 wieder in der Ukraine zu erleben), aus den Charakterbildern der alles beherrschenden Revolutionsverwalter (und ihres Nachfolgers im Präsidentenamt). Sie waren (und sind) samt und sonders Schreibtischtäter, und ihnen war (und ist) menschliches Leid gleichgültig, weil es ihnen nicht vor Augen kam. Kaum ein Generalsekretär der KPdSU hat sich in einer Fabrik sehen lassen, um dem Aufbau des Sozialismus ganz nahe zu sein. Für Stalin war der Zwölf-Stunden-Arbeitstag im Kreml geradezu Manie. Dort wurde auch gnadenlos der Kreuzweg fürs eigene Volk entworfen.

Als die Revolutionäre vor 100 Jahren in den Winterpalast eindrangen, blieb der Legende nach die Uhr auf dem Kaminsims des Speisesaals stehen. Ein Jahrhundert lang standen die Zeiger auf 2.10 Uhr. Bis Eremitage-Direktor Michail Piotrowski zum 100. Geburtstag des Weltereignisses eine revolutionäre Tat beging: Er setzte das Uhrwerk wieder in Gang. Als wäre nichts geschehen.

9. Lenindämmerung

Er kam aus einem russischen Provinzkaff und schuf eher zufällig eine Ideologie, die einst ein Drittel der Welt beherrschte. Inzwischen zeugen nur noch verwitterte Denkmäler und seine Mumie im Moskauer Mausoleum vom Revolutionär und dem Gespenst des Kommunismus

In Simbirsk, der Hauptstadt der gleichnamigen russischen Provinz, wird Lenin, der Gründer der Sowjetunion, geboren. Heute nennt sich die Stadt Uljanowsk: zu Ehren der vielköpfigen Familie, in der dieser seltsame Knabe am 22. April 1870 das Licht der Welt erblickt – jener Mensch, dessen revolutionäre Lehren nicht aufhören sollten, auf der ganzen Welt Kämpfe heraufzubeschwören, den Hass zu schüren und zugleich viele Hoffnungen zu wecken. Zur Zeit seiner Geburt ist Simbirsk eine kleine Provinzstadt in der unendlichen Weite Russlands, 950 Kilometer von Moskau und 1690 Kilometer von der damaligen Hauptstadt St. Petersburg entfernt.

Bürger wird Revolutionär

Bei seiner Taufe erhält er den Namen Wladimir nach dem russischen »Evangelisten« und Großfürsten, der einst Russland das

Christentum aufzwang und mit seiner Vergangenheit als Brudermörder, Polygamist und Trinker für den posthumen Glanz der Heiligsprechung ebenso wenig prädestiniert schien wie als Namenspatron des ernsten kleinen Wolodja. Mit diesem melodiösen Diminutiv nämlich benennt die Familie den jungen Wladimir, dem als Kind sein Name in seiner ehrgeizigen altslawischen Bedeutung schlecht anzustehen scheint: Beherrscher der Welt.

In der beflissenen Atmosphäre des bürgerlichen Hauses Uljanow unter dem misstrauischen Auge eines auf Leistung bedachten Vaters, der Inspektor des Primarschulwesens ist, und einer kultivierten und nach deutscher Art erzogenen Mutter wächst Wolodja zu einem guten Schüler heran. Aber weder seine Geburt, noch seine Erziehung noch sein Ehrgeiz noch seine Neigungen noch seine Lebensart prädestinieren ihn zu seiner bereits in jungen Jahren übernommenen Rolle eines überzeugten und hartnäckigen Revolutionärs. Trotzdem ist er es geworden. Wie und warum?

Wäre sein Schicksal wohl dasselbe gewesen, wenn sein Vater, der loyale Wächter der althergebrachten Ordnung, länger als bis 1886 gelebt und wenn das tragische Los seines älteren Bruders Alexander die Familie Uljanow nicht der Ächtung ausgesetzt hätte? So tritt der Gymnasiast mit einer schweren Hypothek ins Leben. Er ist der Bruder eines Mannes, den man als politischen Verbrecher, als Aufrührer gegen den Zaren, gehenkt hat (1887). Aus dem hochintelligenten, aber ahnungslosen Wolodja, der sich durchaus der bourgeoisen Klasse zugehörig fühlt, der er entstammt, wird Wladimir Iljitsch, Vorstand der Familie Uljanow, die von nun an ihren Kampf gegen eine andere, unvergleichlich mächtigere Familie nie mehr aufgeben sollte: gegen die Romanows, die letzten Zaren.

Angepasster Marxismus

Wladimir Iljitsch beschließt bei der Lektüre der Schriften von Karl Marx, seinem geistigen Idol, sich von den besitzenden Klassen zu distanzieren. Im ersten Band des »Kapitals«, der bereits 1872 in russischer Übersetzung erschienen ist, findet der Jura-Student Uljanow an der Universität Kasan einen Leitfaden für seine eigenen, noch unreifen, aber, wie er selber findet, kühnen Ideen (in seiner Schrift »Was tun?«). Er versteht die Sinnlosigkeit des Terrorismus, jenes falschen anarchischen

Heldentums, das seinem Bruder zum Verhängnis geworden ist, und er erkennt die Bedeutung eines auf solider ideologischer Grundlage geführten Kampfes.

Lenin, so nennt er sich seit 1901, ist ein äußerst genauer Kenner und Schüler von Karl Marx. Er legt immer wieder großen Wert darauf, die marxistischen Thesen möglichst genau in die Praxis umzusetzen. Und offenbar ist er nach der Oktoberrevolution 1917 zunächst der Ansicht, dass nach dem Sturz des Kapitalismus in Russland unter seiner Führung unmittelbar der Kommunismus folgen müsste.

Aber der von Lenin versuchte Kommunismus in Russland ist gescheitert. Also hat schon Lenin aus den von Marx noch synonym verwendeten Ausdrücken Sozialismus und Kommunismus zwei verschiedene Entwicklungsperioden konstruiert. Seine weitere Herrschaft und die aller Sowjetführungen und kommunistischer Regimes seither – sie beherrschten zu Hochzeiten ein Drittel der Welt – konnten ihr Selbstverständnis nur aus der Behauptung beziehen, dass man sich eben erst im gesellschaftlichen Stadium des Sozialismus befinde, dessen Dauer sich nicht festlegen lasse. Ins Stadium des Kommunismus werde man übergehen, wenn der sozialistische Aufbau vollendet sei. Das ist nicht nur sehr vage, das ist auch mit Marx nicht deckungsgleich. Hier hat Lenin ein Zwischenstadium eingeführt, weil die Praxis bewies, dass nach einem gewaltsam herbeigeführten Sturz des Kapitalismus sich der Kommunismus nicht automatisch einfindet.

Der Kommunismus, mit allem, was er laut Marx zu beinhalten hätte – die klassenlose Gesellschaft, die Befreiung des Menschen von der deformierenden Last der Arbeit, sich selbst verwaltende, freiwillig nach eigenen Fähigkeiten leistende Menschen, in einer völlig gleichberechtigten und gerechten Gesellschaft, befreit von der Bevormundung durch Behörden und Staat und vieles andere mehr – bleibt auch in der sich aus einem Agrarland industriell entwickelten späteren Sowjetunion eine Utopie.

Ein Mann der Tat

Lenin ist weder Philosoph noch Wissenschaftler, noch ein unvergleichlicher Theoretiker, wie man ihm so gerne nachsagt. Er ist vor allem ein Mann der Tat, der weiß, dass die Politik selbst im bolschewistischen Russland die Kunst des Möglichen ist. Als Realist vollzieht er wenn nötig eine Kehrtwende um 180 Grad. Eine der aufsehenerregendsten Kursänderungen ist Anfang der 20er-Jahre die Einführung der Neuen Ökonomischen Politik, einer Wirtschaft, die sich über die heiligsten Gesetze des Marxismus hinwegsetzt, dessen Lieblingsgrundsätze durch die harten Fakten widerlegt worden sind. Als erster großer Revisionist bildet Lenin das wirtschaftliche Leben des Landes um, ermutigt die Privatinitiative und bemüht sich um ausländisches Kapital zur Stabilisierung der Währung.

Lenin hat in den knapp sieben Jahren nach der Oktoberrevolution bis zu seinem Tod (1924) den ersten Arbeiter- und-Bauern-Staat errichtet. Dabei wird zur Umgestaltung der russischen Gesellschaft im Bürgerkrieg das Mittel des Terrors verwendet, das Lenin uneingeschränkt bejaht und dessen Intensivierung er gegenüber parteiintern vorgebrachten Einwänden einfordert. Diesem Terror fallen Millionen von Menschen zum Opfer.

Leiche für Nostalgiker

Lenins Bolschewiki ergreifen 1917 die Macht, weil sie den Arbeitern mit Parolen in den großen Städten klare Antworten auf die wichtigsten Probleme geben: Friede – Freiheit, Land und Brot! Wladimir Iljitschs Radikalität steht dafür sinnbildlich: »Große Fragen werden im Leben der Völker nur durch Gewalt entschieden.« Lenin hält brutal jede Opposition nieder. Sein Terrorregime, das ganze Gesellschaftsschichten aus dem Leben des russischen Volkes eliminiert, ist der Anfang vom Ende jeglicher Menschlichkeit. Ideologisch ausgehend von uneingeschränkter Freiheit landet er beim real existierenden absoluten Despotismus – wie das literarische Vorbild Schigalew in Dostojewskis bereits 1873 veröffentlichtem Roman »Die Dämonen«.

Dennoch soll Lenin weiter im Mausoleum am Roten Platz in Moskau ausgestellt bleiben. »Was den Körper angeht, so sollte der nach meiner Meinung nicht angerührt werden«, sagte Russlands Präsident Putin, der auch – nomen est omen – den Vornamen Wladimir trägt. Die russisch-orthodoxe Kirche will den 1924 gestorbenen Lenin am liebsten beerdigen. Die Erhaltung des Leichnams kostet den russischen Staat Millionen Rubel. Kremlchef

Putin betonte aber stets, dass es noch immer viele Menschen in Russland gebe, die einen großen Teil ihres Lebens mit Lenin und »gewissen Errungenschaften der Vergangenheit, Errungenschaften der Sowjetunion« mit ihm verbänden. Solange das so sei, solle sich nichts ändern.

Russlands wenige Kommunisten verehren Lenin bis heute. Allein in der russischen Hauptstadt stehen mehrere Lenin-Denkmäler, die andernorts verrotten. Zugleich machte Putin deutlich, dass Lenin eine Person der Geschichte sei. Seine Entscheidungen zum Aufbau des Staates hätten »negative Folgen« gehabt. Lenin sei kein Staatsmann gewesen, sondern ein Revolutionär, meinte Putin. Was er damit sagen wollte: ganz im Gegensatz zu ihm, dem »neuen Zaren«.

ENDE (1917-19)

10. Mata Hari
Meisterspionin oder Tratschtante?

1917 wurde Mata Hari erschossen. Seitdem ranken sich Spekulationen um die mysteriöse Tänzerin

»Muss ich sie nehmen?« Die Todeskandidatin will die weiße Augenbinde nicht. »Wenn Madame sie nicht wünschen, ist es auch gut«, entgegnet der Offizier. »Monsieur, ich danke Ihnen«, ruft die 41-Jährige dem Mann zu, der den Feuerbefehl erteilen soll. Dem Pfarrer schickt sie eine Kusshand und schaut zwölf marokkanischen Soldaten direkt in die Gesichter. Die Frau steht aufrecht. Sie wird nicht gefesselt, bevor die Gewehrläufe auf sie gerichtet werden.

Vincennes, 15. Oktober 1917, 5.30 Uhr: Die Salve kracht, elf von zwölf Kugeln treffen. Ein Feldwebel gibt dem zusammengesunkenen Körper den obligatorischen Kopfschuss. »Agentin H 21« ist tot.

Wer war sie wirklich? »Ich wurde geboren in der heiligen Stadt Jaffnapatam. Mein Vater war ein hoch angesehener Brahmane, meine Mutter eine Tempeltänzerin, die mit 14 Jahren bei meiner Entbindung starb. Aufgewachsen bin ich in der Obhut von Tempelpriestern. Sie weihten nach Shiva, und ich wurde in die heiligen Mysterien der Liebe und der göttlichen Verehrung eingeführt.« Diese geschönte Version ihres Lebenslaufs verbreitet die angebliche Spionin selbst.

Margaretha Gertruida Zelle ist ein einfaches Mädchen aus der niederländischen Provinz, geboren 1876 als Tochter eines Hutmachers in Leeuwarden. Ihr Vater ist ein Aufschneider, der sich als »Baron« ansprechen lässt; sie selbst ist entsprechend verwöhnt. Kindergärtnerin soll sie werden.

Am Ende war sie beinahe nackt, hielt die Augen gesenkt und verschwand, in einen Schleier gehüllt

Da kommt die Heiratsanzeige des mehr als 20 Jahre älteren Rudolph MacLeod wie gerufen. Über den Kolonialoffizier mit schottischen Vorfahren entkommt sie ihrem zerrütteten Elternhaus. Nach der Hochzeit 1895 übersiedelt das Paar nach Niederländisch-Ostindien (heute Indonesien). Auf Java und

Sumatra lernt Margaretha Sitten und Gebräuche der Einheimischen kennen, und auch die Kunst des asiatischen Tanzes. So die Legende. »Sie hat Plattfüße und kann nicht tanzen«, behauptet dagegen ihr Gemahl.

Sie verlässt ihn. 1902 wird die Ehe geschieden. Zurück in Europa, versucht sich Lady MacLeod in Paris als indische Tempeltänzerin. »Sie tanzte kaum«, schildert die Schriftstellerin Colette einen Auftritt der angeblichen Brahmanin: »Aber sie verstand, sich fortschreitend auszuziehen und dabei ihren langen gebräunten, schlanken und stolzen Körper zu bewegen. Am Ende war sie beinahe nackt, hielt die Augen gesenkt und verschwand, in einen Schleier gehüllt.«

Geheimnisvoll nennt sich die 1,78 Meter große friesische Schönheit jetzt »Auge der Morgenröte« – auf Malaiisch: Mata Hari.

8. Mai 1917. Mit einem Überraschungsangriff hofft die französische Kriegsführung, die Deutschen an der Somme überrumpeln zu können. Doch die haben von den Offensivplänen erfahren und ziehen ihre Truppen heimlich zurück. Französisches Trommelfeuer schlägt in verlassene deutsche Stellungen ein. Bei der folgenden Offensive

stoßen die Franzosen ins Leere vor. Als sie schließlich auf die stark befestigte deutsche Verteidigungslinie treffen, ist ihr Pulver verschossen. Die Deutschen starten einen Gegenschlag, der für die Franzosen überaus verlustreich endet.

An einigen Stellen gibt es Verbrüderungen mit dem Feind, französische Bataillone wollen gegen die eigene Hauptstadt marschieren; in 16 Armeekorps bricht der Aufruhr aus. Im Oberkommando wird Georges Nivelle durch Henri Pétain – seinen Vorgänger – abgelöst. Die Meuterer kommen vors Kriegsgericht – von den 412 Todesurteilen werden jedoch nicht alle vollstreckt.

Denn hinter den Streiks steht das Ringen um faire Bedingungen des Kämpfens und Überlebens – und keine Vorstufe einer politischen Revolution. Im November wird die Regierung umgebildet, in deren Mitte Georges Clemenceau zu einem Premierminister neuen Typs avanciert. Er stellt die Verbindung zwischen Heimat und Frontsoldaten als Kern der Nation heraus. Fabrikarbeiter, Bauern, Frauen, Kinder – sie alle sind »poilus« (in etwa: Landser): »Und später werden sie beim Gedanken an dieses große Werk wie all jene aus den Schützengräben sagen können: Ich war dabei.«

Clemenceaus Regierungsantritt begleiten viele symbolische Maßnahmen gegen vermeintlichen Defätismus und Verrat. Zum Beispiel werden Verhaftung, Verurteilung und Hinrichtung einer angeblichen und beiderseits der Front bekannten deutschen Meisterspionin publizistisch regelrecht ausgeschlachtet. Sie wirken wie ein Exempel für Frankreichs Entschlossenheit, Verräter ohne Rücksicht auf Geschlecht oder Reputation abzuurteilen. Der Name der Delinquentin: Mata Hari.

Doch war sie wirklich schuldig? Nach Triumphen in Paris, Wien, Mailand und Madrid strickt die Frau mit dem Namen Mata Hari fleißig an ihrem Mythos. 1906 bezaubert sie in Berlin den Großgrundbesitzer Alfred Kiepert. Der nimmt sie mit zu den Herbstmanövern in Schlesien, wo ihr auch Kronprinz Wilhelm begegnet.

Doch als 1914 der Erste Weltkrieg ausbricht, ist der Ruhm der Tänzerin verblasst. Jüngere Rivalinnen haben der 38-Jährigen den Rang abgelaufen. Sie lebt in Den Haag und befindet sich in großen Geldverlegenheiten. Über ihren alten Bekannten Kiepert kommt sie in Kontakt mit dem Baron von der Capellen, einem niederländischen Offizier, der für den deutschen Geheimdienst arbeitet. Der bezahlt alle ihre Rechnungen und verlangt eine Gegenleistung.

Im September 1915 wird unter dem Decknamen »H 21« eine Agentin für den deutschen Nachrichtendienst IIIb angeworben. Ihr Führungsoffizier Major von Roepell weiht sie in das Einmaleins der Spionage ein. Sie soll gegen fürstliche Belohnung alten Bekannten aus ihrer Pariser Zeit Geheimnisse entlocken.

In den Jahren 1915/16 horcht »H 21« den Generalsekretär des Außenministeriums, Jules Cambon, aus – ebenso den ehemaligen Kriegsminister Adolphe Messimy und Jean Hallaure, einen Offizier aus dem Kriegsministerium. Im Dezember 1915 meldet sie, »dass vorläufig, insbesondere jetzt, nicht an eine französische Offensive gedacht wird«. Ist das kriegsentscheidend? Die deutsche Heeresleitung kann zwar in aller Ruhe ihren Überraschungsangriff auf Verdun vorbereiten; es ist aber anzunehmen, dass diese Entscheidung auch ohne das Zutun einer Ex-Tänzerin erfolgt wäre.

Die Delinquentin behauptet, sie habe als Doppelagentin für Frankreich gearbeitet

In Südfrankreich erkundet »H 21« im folgenden Jahr Militärtransporte und Truppenansammlungen an großen Bahnknotenpunkten. In Madrid berichtet sie dem dortigen deutschen Militärattaché detailliert, was sie auf ihren langen Reisen gesehen und gehört hat. Zu dieser Zeit befindet sie sich bereits im Visier des britischen Geheimdienstes MI 6. Der liefert den Franzosen aufgefangene Funksprüche der deutschen Spionin. Der französische Geheimdienst versucht daraufhin, sie als Doppelagentin zu gewinnen, merkt aber bald, dass er nur Falschinformationen bekommt.

13. Februar 1917: Im Pariser »Élysées Palace Hotel« schnappt die Falle zu. Die geschiedene Frau MacLeod, geborene Zelle, wird verhaftet und im Gefängnis Saint Lazare interniert. Vier Monate lange Verhöre folgen. Da die Beweise erdrückend sein sollen, behauptet die Delinquentin hartnäckig, sie habe als Doppelagentin für Frankreich gearbeitet. Doch nach mehreren militärischen Niederlagen ist die Moral der Armee am Boden. Da kommt es sehr gelegen, einen Teil der Misere aufs Treiben einer mysteriösen Meisterspionin

abzuwälzen. Die Anklage lautet auf Hochverrat. Darauf steht die Todesstrafe. Der Prozess vor einem Kriegsgericht dauert nur zwei Tage, bevor am 25. Juli 1917 das Urteil fällt.

Noch einmal: War sie auch schuldig? Aus den Akten des britischen Geheimdienstes geht hervor, dass Mata Hari nie ein vollständiges Geständnis abgelegt und während ihrer Verhöre vor allem über Klatsch und Tratsch in Paris berichtet hatte. Den Briten war sie aufgefallen, weil sie Mitte 1915 unter dem Namen Gertrud Benedix nach England eingereist war. Bei der Landung in Southampton wurde sie abgefangen und dem Leiter des britischen Spionageabwehrdienstes vorgeführt. Im Verhör erzählte sie, dass sie die Geliebte eines deutschen Militärattachés namens Benedix sei. Sir Basil Thomson, der mit Spionen viel Erfahrung gehabt haben soll, glaubte ihr. Ob die angebliche Frau Benedix die Wahrheit gesagt hat, konnte nicht festgestellt werden.

Durch den Vergleich zeitgenössischer Dokumente kamen die Mitglieder der Leeuwarder Mata-Hari-Arbeitsgruppe zu dem Schluss, dass die Tänzerin nur Spielball verschiedener Geheimdienste gewesen war und aufgrund ihres Wissens um eventuell kompromittierende Details über hochrangige Politiker sterben musste. Einen wirklichen Überblick über die Geschehnisse und Beweise – in die eine oder die andere Richtung – erhoffte man sich aus den französischen Gerichtsakten zu gewinnen. Diese waren 2017, 100 Jahre nach der Entscheidung des französischen Kriegsministeriums, freigegeben worden.

Auch sie brachten kein Licht ins Dunkel der Morgenröte. Wer war Mata Hari?

11. Richthofen

Ritter der Lüfte – oder besessen vom Töten?

1918 starb mit Manfred von Richthofen der erfolgreichste Jagdflieger des Ersten Weltkriegs. Sein Mythos lebt weiter

Am 21. April 1918 startet er mit seiner Fokker zu einem Flug über die Somme-Front. An diesem Tag bricht er seine eigenen Regeln, verfolgt einen Jagdflieger der Royal Air Force im Tiefflug über die feindlichen Schützengräben und gerät so in die Reichweite der gegnerischen Waffen am Boden. Ein Projektil trifft den Roten Baron mitten ins Herz. Er ist tot, noch bevor seine Maschine auf dem Boden aufschlägt.

Manfred Albrecht Freiherr von Richthofens Tod ist eine Sensation. Die Leiche wird auf ein Brett gebunden und als Beweis fotografiert. Souvenirjäger zerlegen sein Flugzeug noch an Ort und Stelle. Richthofen stirbt zwei Wochen vor seinem 26. Geburtstag. Mit allen militärischen Ehren begraben die Alliierten einen Mann, der 80 ihrer Flieger abgeschossen hat, den erfolgreichsten Jagdflieger des Ersten Weltkriegs.

Bei der »Urkatastrophe« des 20. Jahrhunderts spielte die Luftwaffe noch keine entscheidende Rolle in Bodenkämpfen. Sie diente lediglich der Feindaufklärung. Jenseits ihrer militärischen Funktion jedoch wurde sie über den bewusst in der Propaganda idealisierten Luftkampf »Teil der patriotischen Sinnstiftung«, wie der Freiburger Historiker Jörn Leonhard feststellt: »Je unsichtbarer in der konkreten Kriegserfahrung von Millionen von Soldaten der Gegner, je anonymer das gegenseitige Töten, je schwieriger die Unterscheidung individueller Soldaten, je größer die Dominanz von Maschinen und Material, desto wirkungsvoller ließ sich der Kontrast zu den Kampfpiloten inszenieren.« Nicht von ungefähr tarnten die Piloten ihre Flugzeuge nicht, sondern malten sie bunt an. Dargestellt als tapfere Männer, faire Kämpfer, den Gegner achtende ritterliche Helden, erinnerte ihr Krieg noch an Duelle nach gerechten Regeln, die längst der Vergangenheit angehörten.

Von seiner Auszeichnung mit dem Orden Pour le Mérite über sein knallrotes, technisch überlegenes Flugzeug zu der 1917 veröffentlichten Autobiografie »Der rote Kampfflieger« verkörperte Richthofen den Krieg als Abenteuer, als Draufgängertum. Leonhards Analyse trifft den Punkt: »So entstand ein imaginierter Krieg, der progressive und traditionale Elemente enthielt: Neben der Faszination durch die moderne Technik stand das Ideal des ritterlichen Zweikampfs und des sportlichen Messens von individueller Tapferkeit und Technikbeherrschung.«

Die Realität sah anders aus: Die leichten Maschinen fingen schnell Feuer, ihre schwachen Motoren setzten oft aus, in der Luft konnten sie meistens nicht neu gestartet werden. In drei bis sechs Kilometern Höhe, in der die Luftkämpfe stattfanden, froren die Piloten in ihren offenen Cockpits; Fallschirme gab es keine.

Doch davon wollte Hermann Göring, zweiter Nachfolger Richthofens als Chef des Jagdgeschwaders 1 und selbsternannter »bester Freund« des gefallenen Helden, nichts wissen. Unter dem Generalfeldmarschall, zweiter Mann des Dritten Reichs, war der 21. April zwischen 1935 und 1945 der »Ehrentag für die deutsche Luftwaffe«.

Richthofens Tod hat unter Psychologen und Historikern bis heute ungeklärte (und fruchtlose) Spekulationen ausgelöst. Dass der Jäger nicht von seiner Beute abgelassen habe, obwohl diese hinter die eigene Front geflohen war, führen manche Experten auf Folgen seiner im Juli 1917 im Luftgefecht erlittenen Kopfverletzung zurück.

Derweil hält die Kontroverse über den Todesschützen bis heute an. Der kanadische Pilot Roy Brown, im Film »Der Rote Baron« (1971) noch als Richthofens Bezwinger dargestellt, scheint inzwischen als möglicher Zweikampf-Sieger außen vor zu sein, und welcher der drei australischen MG-Schützen am Boden den tödlichen Schuss auf den Rittmeister abgefeuert hat, ist letztlich völlig irrelevant.

Nazi-Grabstein steht heute als Ehrenmal in der Kaserne in Wittmund

Dass Richthofen nach seinem Tod einen langen Weg zur letzten Ruhestätte nahm, ist auch ein Spiegelbild der Geschichte und deren ideologischer Vereinnahmung. Für den Staatsakt im November 1925 wurde der exhumierte Leichnam nach Berlin überführt. Sein Ehrengrab auf dem Invalidenfriedhof erhielt unter den Nazis einen überdimensionierten Grabstein mit dem Schriftzug Richthofen. 1975 ließ die DDR den Friedhof einebnen; zuvor wurde der Flieger-Held ein weiteres Mal umgebettet – ins Familiengrab derer von Richthofen in Wiesbaden.

Der Mythos Richthofen wirkt bis heute. Das steinerne Relikt der Nazi-Heldenverehrung befindet sich inzwischen wieder auf dem Berliner Invalidenfriedhof, lange Zeit stand es auf dem Kasernengelände der Bundeswehr im ostfriesischen Wittmund, wo das Luftwaffengeschwader 71 Richthofen stationiert ist. Die nationalsozialistische Herkunft des Ehrenmals war in Berlin kein Thema, auch nicht im Zug der Debatte um die Reform des Traditionserlasses der Bundeswehr – im Gegenteil. Zum 100. Todestag fand eine Serenade statt. Zusammen mit den Verbündeten wird alljährlich ein Kranz am Ehrenmal niedergelegt – für einen Mann, der in zwei Weltkriegen vom Kaiser und den Nazis missbraucht wurde, um Menschen den Krieg schmackhaft zu machen. Welchen Platz darf ein solcher Kriegsheld in einem demokratisch legitimierten

Verteidigungsbündnis wie der Nato heute noch einnehmen?

Aktuell sind Tiefkühlpizzen nach ihm benannt, Autohändler, Restaurants und Computerspiele. Die Cartoonfigur Snoopy nahm ihn ins Visier, Matthias Schweighöfer spielte ihn für eine große deutsche Filmproduktion. Kinder können seine rote Fokker mit Legosteinen nachbauen.

Richthofen dürfte allerdings vom Töten regelrecht besessen gewesen sein. Psychologen lesen aus seinem Verhalten den Wunsch heraus, verehrt zu werden – und so interpretieren Historiker auch die Briefe des Junggesellen an seine einzige weibliche Bezugsperson: die (ihn sogar noch anspornende) stolze Mutter Kunigunde. Die Legende vom Roten Baron scheint entschlüsselt: Hinter dem Helden verbirgt sich ein unsicherer junger Mann, der keinen Frieden mit sich selbst findet. Und vielleicht deshalb so gut in Zeiten des Krieges funktionierte.

Bundeswehr und Tradition

Kasernen nach »Kriegshelden« zu benennen, hat Tradition. In Wittmund ist sie wie das Luftwaffengeschwader nach Manfred von

Richthofen benannt. Der Traditionserlass der Bundeswehr geht auf herausragende Teilnehmer des Ersten Weltkriegs nur indirekt ein, wie folgende Passagen zeigen:

»Die Bundeswehr ist sich des widersprüchlichen Erbes der deutschen (Militär)-Geschichte mit ihren Höhen, aber auch ihren Abgründen bewusst. Tradition und Identität der Bundeswehr nehmen daher die gesamte deutsche (Militär-)Geschichte in den Blick. Sie schließen jene Teile aus, die unvereinbar mit den Werten unserer freiheitlichen demokratischen Grundordnung sind.«

»Bis zum 20. Jahrhundert waren deutsche Streitkräfte stabilisierender Bestandteil einer überwiegend dynastischen Ordnung. Dies begründete ihre herausgehobene Stellung in Staat und Gesellschaft. Ihre vielfältige Geschichte spiegelt die Entwicklung Deutschlands und ist Quelle erinnerungs- und damit bewahrungswürdiger Vorbilder und Geschehnisse der deutschen (Militär)-Geschichte.«

12. Hunger

Würste verdienten
den Namen nicht mehr

»Alles fürs Vaterland«: Ein sogenanntes
Kriegswirtschaftsbüchlein informiert
über die Lebensumstände anno 1918

Am 11. November 1918, war der Erste
Weltkrieg beendet. Das Statistische Landesamt
Baden-Württemberg hatte anlässlich der
100. Wiederkehr dieses Tages aus Original-
Quellen der amtlichen Statistik eine
Sonderausgabe des Monatsheftes erstellt:
»Europa und der Südwesten vor 100 Jahren –
Alles fürs Vaterland«. Ein Schwerpunkt darin
ist die Verwaltungsorganisation in der
Kriegswirtschaft. Das
»Kriegswirtschaftsbüchlein für Württemberg«,
damals nur als vertrauliche Handreichung für
Behörden erstellt, informiert ausführlich über
die Lebensumstände im ehemaligen
Königreich Württemberg.

Eine lange Liste von Behörden zeigt auf, wer
alles dem Kriegsernährungsamt unterstellt
wurde. Zu den Behörden in Berlin gab es
oftmals ein Pendant in Stuttgart. So existierte

eine Hafereinkaufsgesellschaft in Berlin, deren Stuttgarter »Filiale« die Württembergische Landesfuttermittelstelle mit Sitz im Landesgewerbemuseum war.

In Berlin fanden sich Kriegsgesellschaften für Sauerkraut, Kakao, Kartoffeln und Rüben sowie eine Verteilungsstelle für Rohzucker und eine Überwachungsstelle für Seemuscheln. Der Berliner Zentralstelle zur Beschaffung der Heeresverpflegung entsprach die Stellvertretende Intendantur XIII in Stuttgart. Die Landesgetreidestelle war zuständige Behörde für die Bewirtschaftung von Brotgetreide, Mehl, Hülsenfrüchte, Graupen, Grieß, Getreidekaffee, Kekse, Suppen und Nudeln und erstaunlicherweise auch für Kornspiritus. Mit ihr vereinigt war die Fleischversorgungsstelle.

Für Margarine findet sich 1917 außer in Tübingen keine Listung – es gab offensichtlich keine mehr

Es gab eine Landesfuttermittelstelle, die sich um die Versorgung mit Futtermitteln kümmerte (zum Beispiel »Haber«) und eine Landespreisstelle, die die Preise von Lebensmitteln und Futtermitteln überwachte. Die Landesversorgungsstelle kümmerte sich um die Versorgung mit Milch, Speisefetten und Obst, Gemüse, Eiern und Zucker, auch um Malz und Bier. Die Landeskartoffelstelle bemühte sich um Kartoffeln und Bodenkohlrabi.

Für Margarine, die im Jahr 1913 noch mit 85 Pfennig für ein Pfund in der Preiserhebung stand und deren Preis sich bis 1916 fast verdoppelte, findet sich 1917 bis auf eine Notierung in der Tübinger Spalte keine Listung mehr, was den Schluss nahelegt, dass es sie nicht mehr gab. Produkte, die 1917 ebenfalls »fehlten«, waren Haferflocken, Kakao, Reis, Käse, Seife und Stearinkerzen.

Ein ausführlicher Anhang des Kriegswirtschaftsbüchleins listet die Waren auf, die in den Akten der Württembergischen Landespreisstelle enthalten waren. Einige dieser Lebensmittel kennt man heute glücklicherweise nicht mehr.

Als Schlagsahne-Ersatz diente Alpenblume, Eier-Ersatzmittel waren Datterol oder Ovolackol, Pferdefleisch gehörte wie selbstverständlich dazu wie Mulfix-Kunstfleisch, Zichorienwurzeln oder Kaffee-Tabletten namens Atrol, Honigpulver mit dem Namen Frauenlob, Butterstreckpulver oder Kriegsbutter.

Bei Waren des täglichen Bedarfs fanden sich Kategorien, die ebenfalls deutlich den Mangel aufzeigten: Pappdeckelsohlen, Sohlenschoner aus Kriegsgummi, Bindfaden-Ersatz aus Cellulose und Tabakspfeifen.

Betrachtet man die Erträge, so wurden 1913 im Königreich Württemberg rund 10,8 Millionen Doppelzentner Kartoffeln geerntet. Im Jahr 1916 betrug die Kartoffelernte 5,86 Millionen Doppelzentner. Dies ist ein deutlicher Hinweis auf die Missernte im Jahr 1916.

Der Most wurde in Württemberg für weite Kreise zum täglichen Bedarf gezählt, vor allem zu gewissen Jahreszeiten. Nicht dagegen der Wein und vor allem nicht die »Sekte«. Beim Bier war die Sache offenbar nicht so klar: »Man kann das Bier weder ein Nahrungsmittel nennen, noch ein notwendiges Genussmittel.«

In den »Mitteilungen des Königlich Statistischen Landesamtes« Nr. 11 vom 20. November 1917 wird über den Wurstersatz informiert. »Neuerdings mehren sich die Klagen aus Verbraucherkreisen über schlechte Beschaffenheit und im Hinblick auf sie viel zu hohe Preise von Wurst. Es kommen anscheinend Würste in den Verkehr, die diesen Namen nicht mehr verdienen und höchstens als Wurstersatz angesehen werden können.« Verbraucher und Gewerbetreibende könnten sich an die Ersatzmittelabteilung der Landespreisstelle wenden, die mit den ihr zu Gebot stehenden Mitteln einschreiten werde.

Es gab erste Versuche, eine Kriegsration pro Kopf der Bevölkerung festzulegen: Speisesalz (8 Kilogramm jährlich, 22 Gramm täglich), Kartoffeln (220 Kilogramm jährlich, 600 Gramm täglich), Milch (122 Liter jährlich, 0,33 Liter täglich), Butter (5,5 Kilogramm jährlich, 15 Gramm täglich), Eier (100 Stück jährlich, 0,3 Stück täglich).

Der Begriff »Lebensbedarf« entstand: 3,56 Kilogramm Reis pro Kopf und Jahr, 3 Kilogramm Kaffee (auch Malz) pro Kopf und Jahr, 4,5 Kilogramm Südfrüchte pro Kopf und Jahr, 16 Kilogramm Erdöl pro Kopf und Jahr. Frühgemüse wird als Luxus betrachtet, während Kuh- und Ziegenmilch zum täglichen Bedarf gezählt werden – wie übrigens Most auch.

Tabelle über die »Menschenverluste der Heere im Weltkriege 1914 bis 1918«

»Der Krieg hat in den regelmäßigen Lauf der natürlichen Bevölkerungsbewegung eine große Störung gebracht. Der Verlust, den die deutsche Bevölkerung durch den Geburtenausfall während des Krieges erlitten hat, ist auf etwa 3,3 Millionen Seelen zu schätzen«: Dieser Auszug aus dem Sonderband zur Bevölkerungsentwicklung im Ersten Weltkrieg, herausgegeben vom Statistischen Reichsamt, zeigt detailliert die Folgen des Weltkriegs fürs Deutsche Reich in Bezug auf »Eheschließungen, Geburten und Sterbefälle«. Zugleich sind dort die rund zwei Millionen gestorbenen Soldaten für die »Länder und Landesteile« des Deutschen Reiches ausgewertet. Im Südwesten fielen zwischen 1914 und 1918 aus Württemberg 72.916 Soldaten »für Kaiser und Vaterland«, 61.184 aus Baden sowie 2012 aus Hohenzollern. 1925 wurde vom Statistischen Reichsamt erstmals eine Tabelle über »Menschenverluste der Heere im Weltkriege 1914 bis 1918« veröffentlicht. Die Auswertung zeigt: Während im Durchschnitt des Deutschen Reiches die Zahl der gestorbenen Soldaten je 1000 Einwohner bei 26,3 lag, hatte Hamburg mit 32,9 anteilig die höchsten Verluste zu verzeichnen. Württemberg (29,4), das preußische Hohenzollern (28,5) und Baden (28,1) liegen deutlich über dem Durchschnitt des Reiches. Die Zahl der gestorbenen Militärpersonen je 1000 Einwohner liegt in

Preußen insgesamt mit 26 sogar unter dem Durchschnitt des Deutschen Reiches. Nach »der Erhebung vom 5. Oktober 1924« hatten in Württemberg 11.504 Witwen und 37.658 Waisen als Kriegshinterbliebene einen Rentenanspruch, in Baden und Hohenzollern waren es 11.785 Witwen und 38.042 Waisen. Fürchterliche Zahlen zum Kriegsende 1918, hinter denen unzählige tragische Einzelschicksale stehen.

13. Waffenstillstand

Wer den Krieg verliert, verliert den Frieden

1918 wurde bei Compiègne ein Waffenstillstand abgeschlossen, der den Keim der nächsten Auseinandersetzung in sich trug

»Was führt die Herren hierher? Was wünschen Sie von mir?« Ferdinand Foch, er führt den Ehrentitel »Marschall von Frankreich«, stellt die Frage. Auf Französisch.

Die Atmosphäre in dem schwach beheizten Eisenbahnwaggon auf der Waldlichtung von Compiègne am 8. November 1918 ist eisig.

Die deutsche Delegation unter Führung des Staatssekretärs Matthias Erzberger hat man etwas warten lassen, bis sich der Maréchal die Ehre gibt, sie zu empfangen. Sie sehe, antwortet Erzberger, »den Vorschlägen über Herbeiführung eines Waffenstillstands zu Wasser, zu Lande, in der Luft und an allen Fronten« entgegen.

»Ich habe keine Vorschläge zu machen.«

Erzberger verweist auf die amerikanische Note vom 6. November, in der es heißt, Foch sei bevollmächtigt, der deutschen Seite die Waffenstillstandsbedingungen bekanntzugeben.

Verhandlungen über die Bedingungen würden unter gar keinen Umständen zugelassen, antwortet der alliierte Oberbefehlshaber: Deutschland könne sie annehmen oder ablehnen, eine dritte Möglichkeit gebe es nicht. Er dürfe sie ihnen mitteilen, wenn die deutsche Delegation formell um einen Waffenstillstand bitte: »Ersuchen Sie darum?«

Erzberger erklärt, für das Deutsche Reich um einen Waffenstillstand zu bitten.

Über einen General lässt Foch die Klauseln verlesen. Binnen 14 Tagen Abzug der deutschen Truppen aus besetzten Gebieten sowie aus Elsass-Lothringen, eine entmilitarisierte Zone von 40 Kilometern rechts des Rheins, Verzicht auf den Friedensvertrag von Brest-Litowsk mit Russland, Internierung der Flotte, Herausgabe von 5.000 Kanonen, 25.000 Maschinengewehren, 3000 Minenwerfern und 1.700 Flugzeugen, dazu die Ablieferung von 5.000 Lokomotiven und 150.000 Eisenbahnwagen.

Foch gibt den Deutschen 72 Stunden Zeit, um zu unterschreiben – und verschwindet.

Die Regierung, die Erzberger entsandt hat, existiert nicht mehr

Erzberger versucht, Berlin zu erreichen, um Instruktionen zu erhalten. Doch in Deutschland ist inzwischen die Revolution ausgebrochen. Die Republik ist noch vor der offiziellen Abdankung des Kaisers Wilhelm II. ausgerufen worden. Die Regierung, die Erzberger entsandt hat, existiert nicht mehr.

Dann erhält Erzberger aus dem Hauptquartier der Obersten Heeresleitung (OHL) im belgischen Spa die Nachricht des Generalfeldmarschalls Paul von Hindenburg: Ein Waffenstillstand ist unabdingbar – um jeden Preis.

Mit Blick auf die Gefahr einer bolschewikischen Revolution in Deutschland zeigt sich Foch zu marginalen Konzessionen bereit, den Abzug der deutschen Truppen und das zurückzulassende Kriegsmaterial betreffend. Nach mehrfachen Rückversicherungen bei der Regierung in

Berlin nimmt die deutsche Delegation die Bedingungen an.

Erzberger weist bei Unterzeichnung des Waffenstillstandsabkommens am 11. November 1918 um 5.20 Uhr darauf hin, manche Verpflichtungen seien undurchführbar. Er schließt mit den Worten: »Ein Volk von 70 Millionen leidet, aber es stirbt nicht!«

»Très bien«, antwortet Foch.

Die Delegationen erheben sich von ihren Stühlen. Ein Händedruck bleibt aus.

So schwiegen ab der »elften Stunde des elften Tages im elften Monat« die Waffen. Endlich. Nach vier Jahren, drei Monaten und elf Tagen, in denen sich Europa in einen besinnungslosen Blutrausch hineingesteigert hatte, endete der Erste Weltkrieg, ein gigantisches Gemetzel, das 15 Millionen Menschen das Leben und 20 Millionen die Gesundheit kostete, vier Imperien (Deutschland, Österreich-Ungarn, Russland und das Osmanische Reich) in den Abgrund riss, die USA zur Weltmacht erhob und Ideologien (Kommunismus und Faschismus) entfesselte, die den Kontinent zwischen 1914 und 1945 in einen »zweiten Dreißigjährigen Krieg« stürzten. Das behaupten zumindest Historiker, die gerne mit der Weisheit desjenigen argumentieren, der weiß, wie es weitergegangen ist.

Das Kardinalproblem im untergegangenen Kaiserreich war, dass es kein allgemeines Bewusstsein der Niederlage gab. Noch im März 1918 hatte die OHL um den de facto einem Militärdiktator gleichkommenden Generalquartiermeister Erich Ludendorff nach dem »Siegfriedensschluss« mit Russland über weitreichende offensive Kriegsziele im Westen fantasiert. Und auch mehr als vier Jahre nach Kriegsbeginn stand kein feindlicher Soldat auf deutschem Boden. Eine letzte deutsche Großoffensive erreichte im Frühjahr 1918 – wie bereits 1914 – die Marne, wo sie im Juli von US-Tanks gestoppt wurde. Das hatte massenhafte Desertionen zur Folge. Weil die Militärs nicht den Mut besaßen, die objektiv hoffnungslose Lage Deutschlands zu offenbaren, breitete sich mit ihrem Zutun ein Gift aus, das als »Dolchstoßlegende« in die Geschichte eingegangen ist. »Im Felde unbesiegt« sei der kaiserlichen Armee von einer versagenden »Heimatfront« ein Dolch in den Rücken gestoßen worden. Das habe zu den »Diktaten der Schande«, dem Waffenstillstand von Compiègne und später, am 28. Juni 1919, zum Friedensvertrag von Versailles geführt.

In der »Dolchstoßlegende« kanalisierten viele Deutsche ihre hilflose Wut über das, was sich zwischen 1914 und 1918 abgespielt hatte. Europa, das vor 1914 die Welt beherrscht hatte, lag wirtschaftlich am Boden. Die Kolonialmächte Frankreich und Großbritannien konnten ihre Reiche nach dem Zerfall des osmanischen Sultanats territorial zwar vergrößern, im Weltmaßstab leitete der »Große Krieg« aber ihren allmählichen Niedergang ein.

Waren in Kriegen bis 1914 Orte großer Schlachten bei den Siegern mit Ruhm und Ehre in Verbindung gebracht worden, so stehen die Namen Ypern, Gallipoli, Isonzo, Verdun oder Somme für Millionen Tote, ohne dass deren Opfer die Kriegslage nennenswert verändert hätte. Der »industrielle Krieg« überraschte Mächte wie Soldaten. Wie sonst ist zu erklären, dass die Massaker weitergeführt wurden, obwohl an der Somme am ersten Tag der britischen Offensive 50.000 Soldaten ums Leben kamen, oder in Verdun immer wieder neue Einheiten ins Gefecht geschickt wurden, obwohl die Strategie der Deutschen beim

Angriff auf die Festung Douaumont frühzeitig in den Hintergrund trat?

Max von Baden hätte Ludendorff zu den Alliierten schicken sollen

Im Gegenteil, meint der Freiburger Historiker Jörn Leonhard in seinem monumentalen Buch »Der überforderte Frieden«: Daraus entstand die bis zum Schluss vorhandene Erwartung, dass nur ein Sieg all den Opfern einen Sinn verleihen könne. Das gab der »unverdient« um den Sieg gebrachten nationalen Kriegsgemeinschaft ihre besondere Dimension. Und: Wilhelm II. hauptsächlich die Verantwortung am Krieg anzulasten, führte nur zu Historiker-Kontroversen. Sein Land, dem der abgedankte Monarch ins niederländische Exil entfleuchte, musste einen Friedensvertrag unterschreiben, in dem Deutschland und seinen Verbündeten allein die Schuld am Krieg gegeben wurde.

»Jeder Friedensvertrag«, resümiert Erzberger am Ende einer Rede am 25. Juli 1919 vor der Nationalversammlung in Weimar, »ist die Schlussrechnung eines Krieges. Wer den Krieg verliert, verliert den Frieden. Und wer hat bei uns den Krieg verloren?« Die letzte kaiserliche Regierung des Prinzen Max von Baden, der er selbst angehörte, habe »vielleicht einen einzigen Fehler gemacht«. Sie hätte Ludendorff, der am 30. September 1918 Knall auf Fall einen Waffenstillstand verlangt hatte, selbst zu den Alliierten »hinschicken und ihm sagen sollen: ›Schließ du den Waffenstillstand ab!‹« Das wäre Gegengift für die »Dolchstoßlegende« gewesen.

Die Friedensverträge, die in der Folge des Krieges unterzeichnet wurden, brachten eine Reihe von Vielvölkerstaaten hervor, deren Regierungen glaubten, sie herrschten über ethnisch homogene Nationalstaaten, während Volksgruppen darin Konflikte schürten, die Nachbarländer zur Einmischung geradezu einluden. Der Idealist Woodrow Wilson, auf dessen 14 Punkten einer Nachkriegsordnung mit Selbstbestimmungsrecht der Völker sich die deutsche Delegation im Wald von Compiègne ja berufen hatte, landete unsanft auf dem Boden der Realität. Sein eigenes Parlament verweigerte dem Statut des vom US-Präsidenten initiierten Völkerbundes die Ratifizierung.

Und Erzberger? Der Mann, der Tage zuvor einen Sohn in der verheerenden Grippe-Pandemie verloren hatte und dennoch nach Compiègne fuhr, unterschreibt am

11. November 1918 zugleich sein eigenes Todesurteil. Beim Wandern bei Bad Griesbach im Schwarzwald wird er am 26. August 1921 von rechtsextremen Fanatikern erschossen.

FOLGEN

14. Waggon

Dieser Zug fuhr nach Nirgendwo

**Im Eisenbahnwaggon 2419 D, einem künftigen deutsch-französischen Symbol der Revanche, wurde 1918 der Erste Weltkrieg beendet.
Der vereinbarte Waffenstillstand galt ab der elften Stunde am elften Tag im elften Monat**

„Hier unterlag am 11. November 1918 der frevlerische Hochmut des Deutschen Reiches, besiegt von den Freien Völkern, die zu unterjochen es beansprucht hatte." Eine Inschrift auf einem Granitblock inmitten einer Waldlichtung in der Nähe von Compiègne dokumentierte zwischen 1922 und 1940 das hochemotionale Verhältnis zwischen Frankreich und Deutschland. Dort hatte am 11. November 1918 der Eisenbahnwagen 2419 D gestanden, in dem mit Unterzeichnung des Waffenstillstands der Erste Weltkrieg ein Ende gefunden hatte.

Dieser Waggon war Teil eines Zuges, den Marschall Ferdinand Foch von Oktober 1918 bis September 1919 nutzte, anfangs für seinen Generalstab als alliierter Oberkommandierender. In der Einsamkeit bei Compiègne, 90 Kilometer nordöstlich von Paris entfernt, lag sein Befehlsposten – ein Ort der Ruhe, Stille, Abgeschiedenheit, der den Respekt des Feindes gewährleisten sollte. Vor dem Empfang der deutschen Delegation integrierten die Franzosen einen Tisch in den Waggon, wo der Waffenstillstand auch mehrfach verlängert wurde, zuletzt am 14. April 1919 im belgischen Spa, dem ehemaligen Sitz der deutschen Obersten Heeresleitung.

Premierminister Georges Clemenceau nahm ihn ab Oktober 1919 für die französische Republik in Besitz – als Speisewagen; Staatspräsident Alexandre Millerand fuhr mit ihm im Dezember 1920 zur Einweihung einer Gedenkstätte nach Verdun. Darauf wurde 2419 D rekonstruiert und bis April 1927 im Ehrenhof des Armeemuseums in Paris ausgestellt. Schlussendlich fand er seinen Platz im eigens errichteten Museum im Wald von Compiègne.

**Eine dritte Zeremonie wollten sich
die Nazi-Generäle ersparen**

Im Juni 1940 veränderte sich seine Funktion fundamental. Adolf Hitler, der Blitzkriegs-Sieger über Frankreich, hatte den Gedenkstein zerstören lassen und nahm am 22. Juni in Compiègne im Waggon auf Fochs Stuhl Platz. Sein Generaloberst Wilhelm Keitel verlas der französischen Delegation die Präambel des konträren Waffenstillstandsvertrags. Bis ins letzte Detail wurden Rollen von Siegern und Besiegten vom November 1918 exakt ins Gegenteil verkehrt. Die Erwiderung auf den Gedenktext las sich jetzt so: „Wenn zur Entgegennahme dieser Bedingungen der historische Wald von Compiègne bestimmt wurde, dann geschah es, um durch diesen Akt eine Erinnerung zu löschen, die für Frankreich kein Ruhmesblatt seiner Geschichte war, vom deutschen Volk aber als tiefste Schande aller Zeiten empfunden wurde." Darauf verließ Hitler wortlos den Waggon und führte an der einstigen „Stätte der Schmach" einen nur mühsam unterdrückten Freudentanz auf.

Diesmal transportierte die Wehrmacht den Schicksalswagen nach Berlin. Eine Woche lang stand er als Siegertrophäe vor dem Dom. Zu Kriegsende wurde er nach Thüringen verfrachtet. Als amerikanische Truppen sich im Frühjahr 1945 anschickten, den Kreis Gotha zu besetzen, wurde 2419 D in der Nähe des Ortes Crawinkel zerstört (Reste, die die DDR-Reichsbahn nutzte, wurden 1986 verschrottet). Eine dritte Waffenstillstands-Zeremonie wollten sich die Nazis unter allen Umständen ersparen.

Im Zuge der deutsch-französischen Aussöhnung gedenken beide Seiten inzwischen des Weltkriegsendes ohne die revanchistische Attitüde von einst. In Compiègne steht im Museum ein Waggon, der der ursprünglichen Baureihe ähnelt, während in Crawinkel ein leeres Schienenstück an den letzten Standort des Waggons erinnert – ebenso eine Gedenktafel am Prellbock mit der Aufschrift „Frieden/Paix". Auf dem Gelände von Compiègne wurde ein Baum aus der thüringischen Stadt gepflanzt.

Nichtsdestotrotz wird das Gedenken am 11. November in Frankreich jährlich emotionaler und intensiver gepflegt als etwa am 8. Mai, an dem 1945 der Zweite Weltkrieg endete. Schließlich hatte die Grande Nation 1914-18 in permanentem Verteidigungskampf auf eigenem Boden gestanden. Auch in Großbritannien ist die Erinnerung an den

„Großen Krieg" aufgrund der höheren Zahl an Kriegsopfern präsenter als jene an den Sieg über Nazi-Deutschland.

Alljährlich pflegen Kommentatoren am Armistice Day im November an die elfte Stunde des elften Tages im elften Monat zu erinnern. Dies war der Moment, in dem sich die Welt von der Geißel des Krieges befreit wähnte, ohne zu ahnen, dass die Nach- nur eine Zwischenkriegszeit sein sollte. Niemand, der in der Schule ein bisschen aufgepasst hat, wundert sich über diese Formulierung. Er empfindet Mitgefühl beim Gang von Mitgliedern des Königshauses durch rote Mohnfelder, deren Blüten die Kriegstoten symbolisieren.

Während hierzulande die Erinnerung an den Zweiten Weltkrieg stärker ist, und Deutsche im November eher an den schicksalhaften neunten Tag des Monats denken (jenen der Jahre 1918, 1923, 1938 und 1989), bedeutet im Vereinigten Königreich die „Urkatastrophe des 20. Jahrhunderts", die an einem 11. November ihr vorläufiges Ende fand, den Anfang aller Erinnerung.

15. Versailles

Kein Vertrag unter Gleichen

Am 28. Juni 1919 müssen ihn die deutschen Delegierten im Spiegelsaal des Schlosses unterzeichnen – und damit die Schuld am Ersten Weltkrieg einräumen

Der 28. Juni 1919 in Paris ist ein strahlend schöner Samstag. Rund ums Schloss Versailles befinden sich Zehntausende Zaungäste. Die Delegationen der Teilnehmerstaaten der Pariser Friedenskonferenz erreichen den Ort der Vertragsunterzeichnung mit Automobilen, die über die Champs Élysées und durch den Triumphbogen aus der Hauptstadt über die Avenue de Paris in den Ehrenhof des Schlosses geleitet werden. Dort empfängt eine Ehrengarde die von Passanten umjubelten Abgesandten.

Revision von 1871

Die deutschen Unterschrifts-Bevollmächtigten, Außenminister Hermann Müller und Verkehrsminister Johannes Bell, werden im Auto am Ostflügel hinaufgefahren und am Kopfbau zu einer Seitenpforte geführt. Auf diese Art und Weise wird ein letztes Mal klargestellt, dass hier kein Vertrag unter Gleichen abgeschlossen wird. Für die Deutschen gibt es auch keine militärischen Ehrbezeugungen. Im Gegenteil: Vorbei an einigen Gueules Cassées (im Gesicht entstellten französischen Kriegsteilnehmern) führt ihr Weg in den Saal. Der Erste Weltkrieg wird bis zum letzten Augenblick mit symbolischen Mitteln fortgeführt.

25 Meter lang ist die Kopfseite der hufeisenförmigen Tafel, an der sämtliche unterzeichnende Parteien sitzen. Sie genießen den Ausblick durch die Fensterfront auf den sonnigen Park – genau von der Stelle aus, wo vor fast einem halben Jahrhundert Wilhelm I. zum deutschen Kaiser ausgerufen worden war, unterhalb des Deckengemäldes, das den jungen Sonnenkönig Frankreichs, Ludwig XIV., zeigt. Die Revision des Ereignisses vom 18. Januar 1871 soll sichtbar sein: Betagte französische Veteranen des Krieges von 1870/71 nehmen in ihren damaligen Uniformen die Plätze ein, wo einst preußische Soldaten standen.

»Faites entrer les Allemands!« (Lassen Sie die Deutschen eintreten), weist der französische Ministerpräsident Georges Clemenceau um

15.07 Uhr den Protokollchef an. Müller und Bell nehmen zwischen der brasilianischen Delegation und rangniederen Japanern Platz und hören die Ansprache des Konferenz-Gastgebers – ganze fünf Sätze: »Die Sitzung ist eröffnet. Die alliierten und assoziierten Mächte auf der einen und das Deutsche Reich auf der anderen Seite haben sich auf die Friedensbedingungen geeinigt. Der Text ist vervollständigt und niedergelegt worden, und der Präsident der Konferenz hat schriftlich bestätigt, dass dieser Text, der nun unterschrieben werden wird, identisch ist mit dem, der in 200 Kopien an die deutsche Delegation ausgehändigt worden ist. Die Unterschriften werden jetzt vorgenommen, und sie stellen die feierliche Verpflichtung dar, die durch diesen Friedensvertrag festgelegten Bestimmungen zuverlässig und wortgetreu auszuführen. Ich fordere nun die Delegierten des Deutschen Reichs auf, den Vertrag zu unterzeichnen.«

Um 15.12 Uhr unterschreiben die Angesprochenen auf der letzten der für die Signaturen vorgesehenen freien Doppelseiten, denn auch wenn sie als Erste aufgerufen werden, sollen die deutschen Namenszüge doch hinter jenen der Siegerstaaten stehen.

67 Delegierte folgen. Bis 15.49 Uhr fällt kein einziges Wort mehr, ehe Clemenceau noch einmal aufsteht und verkündet: »Die Sitzung ist geschlossen.« Müller und Bell verlassen Versailles stante pede – quasi durch die Hintertür.

Das Ende des Krieges stiftet nur formal Frieden.

Stunde der Abrechnung

Clemenceau hatte schon bei der Übergabe der Friedensbedingungen an die deutsche Delegation am 7. Mai 1919 von der »Stunde der schweren Abrechnung« gesprochen. Der damalige deutsche Außenminister Ulrich Graf Brockdorff-Rantzau hatte sitzend – ein diplomatischer Affront! – entgegnet: »Es wird von uns verlangt, dass wir uns als die allein Schuldigen am Kriege bekennen; ein solches Bekenntnis wäre in meinem Munde eine Lüge.«

Der berühmt-berüchtigte Artikel 231 des Versailler Vertrags gibt Deutschland die Kriegsschuld und begründet die hohen Reparationszahlungen für das durch die Kriegskosten wirtschaftlich ohnehin angeschlagene Land.

Die Höhe der Reparationen wird später bei einer Konferenz 1920 auf die gewaltige Summe von 269 Milliarden Goldmark festgesetzt, die in 42 Jahresraten gezahlt werden soll. Hinzu kommen große Gebietsverluste. Elsass und Lothringen werden an Frankreich zurückgegeben. Fast ganz Westpreußen, Teile Pommerns, die Provinz Posen und Teile Oberschlesiens kommen zu Polen, Danzig wird Freie Stadt und dem neuen Völkerbund unterstellt. Das Saargebiet untersteht für 15 Jahre ebenfalls dem Völkerbund, Frankreich darf es wirtschaftlich nutzen. Deutschland verliert seine Kolonien. Das Berufsheer wird auf 100.000 Mann beschränkt; schwere Waffen wie U-Boote, Panzer und Schlachtschiffe darf Deutschland nicht mehr unterhalten.

Eine neue Organisation, Völkerbund genannt, soll den Frieden gewährleisten. Der damalige US-Präsident Woodrow Wilson hat als Ziel die »Herrschaft des Rechts« proklamiert. Doch vor allem Frankreich will Deutschland so weit wie möglich schwächen, um die Gefahr eines neuen Krieges zu begrenzen – und setzt sich in vielem durch. Und: Anders als beim Wiener Kongress 1814/15 nach der Niederlage Napoleons, als Frankreich wieder ein Mitbestimmungsrecht bekam, wurde

Deutschland der Vertrag faktisch aufgezwungen. Der Schuldvorwurf wird in Deutschland als so ungeheuerlich empfunden, dass sich Regierungschef Philipp Scheidemann zu dem Ausruf hinreißen lässt, dass eine Hand, die ein solches Dokument unterzeichne, »verdorren« müsse – und dann auch tatsächlich zurücktritt, um nicht signieren zu müssen.

Hitler hat sich von Anfang an dem Kampf gegen Versailles verschrieben – und das hat ihm große Zustimmung verschafft. Der Historiker Gerd Krumeich verweist in diesem Zusammenhang auf die couragierte Rede des SPD-Vorsitzenden Otto Wels gegen das Ermächtigungsgesetz von 1933, in der dieser betont, die Sozialdemokraten verweigerten die Zustimmung zur Machtergreifung der Nationalsozialisten, obwohl er selbst auch, genau wie der Reichskanzler Hitler, von Anfang an der »Unwahrheit von der Schuld Deutschlands am Ausbruch des Weltkrieges entgegengetreten« sei. Könnte irgendetwas deutlicher den Bann von Versailles zeigen, fragt sich Krumeich, unter dem damals alles politische Denken und Handeln stand?

Eine bessere Ordnung?

Margaret MacMillan, eine Urenkelin des damaligen britischen Premierministers David Lloyd George, relativiert jedoch die These, Hitler habe den Zweiten Weltkrieg wegen des Versailler Vertrages vom Zaun gebrochen. »Selbst wenn man Deutschland seine alten Grenzen belassen und ihm erlaubt hätte, seine Streitkräfte nach Belieben auszubauen und sich mit Österreich zu vereinen, hätte er mehr gewollt«, meint die Oxford-Professorin: »Er hätte mehr ›Lebensraum‹ für das deutsche Volk und die Vernichtung seiner vermeintlichen Feinde, seien es nun Juden oder Bolschewisten, gefordert. Darüber stand nichts im Versailler Vertrag.«

Die Kanadierin MacMillan kommt zum Schluss, das Bild eines von einem Rachefrieden niedergedrückten Deutschlands lasse sich nicht aufrechterhalten. Die Friedensmacher hätten es gewiss auch wesentlich schlechter machen können: »Sie versuchten, eine bessere Ordnung zu schaffen.«

Globale Empörung

Der globale Blick zeigt laut dem Freiburger Historiker Jörn Leonhard außerdem, dass die

Empörung über die Versailler Ordnung mehr ist als ein deutsches Spezifikum. Frankreich und Großbritannien teilen sich gegen die Erwartungen, die sie in der arabischen Welt geweckt haben, die Peripherie des Osmanischen Reiches, Syrien und Irak, und bringen dort Mindergegen Mehrheiten in Stellung; die Folgen wirken bis heute. China muss erleben, dass ehemalige deutsche Gebiete gegen alle Proteste auf Japan, den Alliierten der Entente, übertragen werden; es bleibt der Vertragsunterzeichnung fern.

Von Wilsons Idealen ist nicht viel geblieben. Briten und Franzosen haben im Krieg zwar auch Menschheit und Zivilisation beschworen, wenn auch nicht so schwungvoll wie der US-Präsident, aber als Sieger verfolgen sie ihre nationalen Eigeninteressen weiter, nicht anders als vor allem Italien.

Frische Luft: Clemenceau und Wilson treten als Erste aus dem Schloss, um im Freien zu rauchen. Der US-Präsident verlässt Paris noch am selben Abend. Er kommt nie wieder nach Europa zurück.

16. Erzberger

Kühn, heiter, pragmatisch – und verhasst

1921 wurde mit Matthias Erzberger ein für Demokratie und Republik streitender Politiker bei Griesbach ermordet

Wer vom Kniebis kommend über die Alexanderschanze Richtung Rheinebene fährt, passiert auf dem Weg ins Renchtal in einer Kehre der Bundesstraße 28 oberhalb von Bad Griesbach einen schlichten Gedenkstein. Fast eine Million Auto- und Motorradfahrer kommen jedes Jahr an diesem Denkmal vorbei, das an einen Mord erinnert, der 1921 die junge Weimarer Republik erschütterte.

Das Opfer dieses feigen Anschlags hieß Matthias Erzberger (1875–1921), der einer der führenden demokratischen Politiker seiner Zeit war. 1903 wurde der gelernte Volksschullehrer als jüngster Abgeordneter und einer der ersten Berufspolitiker überhaupt über den Wahlkreis Biberach-Leutkirch-Waldsee-Wangen in den Reichstag gewählt, wo der Vertreter des Zentrums sich für die Interessen katholischer Kleinbürger, Bauern und Arbeiter aus dem Südwesten einsetzte sowie Skandale in der Kolonialverwaltung des Kaiserreichs aufdeckte. Somit zur Zielscheibe der politischen Rechten geworden, war seine steile Karriere bis hin zum Vizekanzler stets geprägt gewesen durch zahllose Konflikte, deren Ursachen in den Verwerfungen der deutschen Gesellschaft der ersten Hälfte des 20. Jahrhunderts lagen.

Erzberger, als Sohn eines Schneiders und nebenberuflichen Dorfpostboten in Buttenhausen bei Münsingen auf der Schwäbischen Alb geboren, war ein kühner, heiterer und pragmatischer Mann. Buttenhausen zählte zu den sogenannten Judendörfern, deren Bevölkerung je zur Hälfte dem jüdischen oder evangelischen Bekenntnis anhing. Als einer der wenigen Katholiken vor Ort trat er früh für die gerade gegründete Zentrumspartei Württembergs ein und betrieb den Ausbau des katholischen Vereinswesens sowie die Entstehung interkonfessioneller christlicher Gewerkschaften.

Nationalisten zählten den Unterzeichner des Waffenstillstands zu den »Vaterlandsverrätern«

Während des Ersten Weltkriegs zeichnete er sich nach Abklingen des nationalen Taumels als einflussreicher Anwalt eines gemäßigten Verständigungsfriedens aus. Seine vielen Gegner verachteten ihn wegen des geröteten Gesichts und der kleinen Augen ebenso wie aufgrund eines irritierenden Lächelns und der Angewohnheit, Unbequemes auszusprechen. Außenminister Ulrich Graf Brockdorff-Rantzau, der die deutsche Delegation bei Übergabe des Friedensvertrags 1919 in Versailles anführte, brachte es kaum über sich, höflich zu ihm zu sein. Der Historiker Wolfram Pyta bezeichnet ihn in seiner Hindenburg-Biografie als »umtriebig« und meint damit wohl »nervend«.

Erzberger, seit Ende 1918 Leiter der deutschen Waffenstillstandskommission, war überzeugt, dass Deutschland es sich nicht leisten konnte, den Kampf wiederaufzunehmen. Die Öffentlichkeit schien, trotz lärmender Demonstrationen der Nationalisten, mit ihm übereinzustimmen. Ja, räumte er gegenüber seinen Kabinettskollegen ein, Waffenstillstand (und später Friedensvertrag) bürdeten dem deutschen Volk ungeheure Lasten auf, und ja, die Rechte werde vielleicht einen Putschversuch unternehmen. Aber Deutschland habe eine Chance zu überleben. Nach dem Ende des Kriegszustands würden die Fabriken wieder produzieren, die Arbeitslosigkeit ginge zurück, der Export nähme zu – und man werde wieder Waren einführen können. »Der Bolschewismus verliert an Werbekraft«, prophezeite er.

Wenn man die Verträge von Compiègne und später in Versailles nicht unterzeichne, wozu sich Brockdorff-Rantzau und das deshalb zurücktretende Kabinett entschlossen, ergäbe sich ein völlig anderes Bild. Die Alliierten besetzten Deutschlands industrielles Herz, das Ruhrgebiet; durch ihren Vormarsch nach Osten würde das Land zweigeteilt; wahrscheinlich griffe von Osten Polen an; Wirtschaft und Transportwesen brächen zusammen. »Plünderung, Mord und Totschlag werden an der Tagesordnung sein«, warnte er. Deutschland zerfiele in einen »Flickenteppich von Kleinstaaten«, von denen einige unter bolschewistische Herrschaft, andere unter rechte Diktaturen gerieten. Deutschland müsse unterzeichnen.

Generalfeldmarschall Paul von Hindenburg, Leiter der Obersten Heeresleitung und einer der Hauptverantwortlichen des Kriegsfiaskos, überließ solche Signaturen den Zivilisten. Damit vermied er es, zu den »Vaterlandsverrätern« gezählt zu werden, die

die Nationalisten in Erzberger und den späteren Unterzeichnern des Friedensvertrags (Außenminister Hermann Müller/SPD, und Verkehrsminister Johannes Bell/Zentrum) sahen, weil sie Deutschland angeblich in den Rücken gefallen waren (Dolchstoßlegende).

Als Staatssekretär ohne Geschäftsbereich hatte Erzberger am 11. November 1918 den Waffenstillstand von Compiègne unterzeichnet, der die Kampfhandlungen des Ersten Weltkriegs beendete. In der Folge machte er sich bei seinen Gegnern durch seine Bemühungen verhasst, die Revolution von 1918/19 in eine parlamentarische Richtung zu lenken, mit den Sozialdemokraten zu kooperieren und seiner Partei eine wichtige Rolle bei der Ausgestaltung der Weimarer Republik zukommen zu lassen.

Vor Gericht gestellt wurden seine beiden Mörder erst nach dem Zweiten Weltkrieg

Als Reichsfinanzminister schuf er später die Grundlagen der heutigen Steuerverwaltung. Diese in nur neun Monaten politisch durchgesetzte Reform sollte der Stabilisierung der deutschen Demokratie dienen und die Kriegslasten sozial gerecht verteilen. Dass er dabei die Kriegsgewinne hoch besteuern und

Besitzende stärker als bisher belasten wollte, radikalisierte die Ablehnung ihm gegenüber nur noch mehr. Einen Attentatsversuch hatte er bereits überlebt.

Am 26. August 1921 wird Erzberger im Urlaub bei einem Spaziergang im Schwarzwald, den er mit einem Freund, dem Reichstagsabgeordneten Carl Diez aus Radolfzell, unternimmt, von zwei ehemaligen Offizieren verfolgt und aus nächster Nähe brutal zusammengeschossen. Diez überlebt schwerverletzt, Erzberger stürzt einen Abhang hinab, wo er stirbt. Die Mörder sind Heinrich Schulz und Hinrich Tillessen, die sich mithilfe der rechtsradikalen Organisation Consul (OC) nach Ungarn absetzen. Sie kehrten nach Hitlers Machtübernahme als »Richter Erzbergers« im Triumph zurück. Vor Gericht gestellt wurden sie erst nach dem Zweiten Weltkrieg.

OC war eine aus einem Freikorps entstandene paramilitärische Geheimorganisation, die mit dem Attentat auf Erzberger Aufstände linker politischer Gruppen initiieren wollte, die als Vorwand für einen antirepublikanischen Putsch rechter Kreise und der Reichswehr dienen sollten. Die Verschwörer hatten sich schon im März 1920 am Kapp-Lüttwitz-

Umsturzversuch beteiligt. Sie sollten 1922 auch die Ermordung des Außenministers Walther Rathenau organisieren.

Erzberger war durch ein skandalöses Gerichtsurteil im März 1920 moralisch zum Rücktritt gezwungen worden und hatte die Pause von politischen Geschäften genutzt, seinen Ruf wiederherzustellen, der durch zahlreiche Verleumdungen angeschlagen war. Er war fast rehabilitiert und stand vor der Rückkehr in die Politik.

Während Reichspräsident Friedrich Ebert am 29. August 1921 den Ausnahmezustand und weitere Notverordnungen zum Schutz der Republik verhängt (die Bayern nicht akzeptiert), organisieren Anhänger des Zentrums, Liberale, Sozialdemokraten und Gewerkschaften Trauerkundgebungen. In Berlin versammeln sich eine halbe Million Menschen, in Karlsruhe und Stuttgart Zehntausende; in Oppenau reden der frühere Reichskanzler Konstantin Fehrenbach und der badische Staatspräsident Gustav Trunk (beide Zentrum) bei der Trauerfeier, am Grab in Biberach hält Reichskanzler Joseph Wirth (Zentrum) vor 30.000 Trauergästen die Leichenrede.

»Nun danket alle Gott für diesen braven Mord«, singen dagegen nationalistisch gesinnte Studenten: »Den Erzhalunken, scharrt ihn ein, heilig soll uns der Mörder sein, die Fahne schwarz-weiß-rot!« In München hetzt damals ein noch wenig bekannter Adolf Hitler in Bierkellern gegen den »Johannes des Judenstaates: Matthias von Buttenhausen«.

Diese polarisierte Deutung der Person Erzbergers sollte auch in folgenden Jahrzehnten fortbestehen und maßgeblichen Einfluss auf die Erinnerung an den ermordeten Demokraten haben.

> »Erzberger war vermutlich kein einfacher und auch kein unbedingt sympathischer Mensch, aber er hat einen gewaltigen Anteil an der Geschichte des Übergangs vom Kaiserreich in die Republik.« (Wolfgang Schäuble, Bundestagspräsident von 2017-21)

In Buttenhausen gibt es heute eine Erinnerungsstätte, in Biberach hat das Grabmal die Nazi-Zeit unversehrt überstanden. In Bad Griesbach steht an Stelle eines einstigen Marterls an der Sterbestelle oben erwähnter Gedenkstein. »Erzberger war vermutlich kein einfacher und auch kein unbedingt sympathischer Mensch, aber er hat einen gewaltigen Anteil an der Geschichte des Übergangs vom Kaiserreich in die Republik«, urteilte anlässlich des 100. Gedenktages der damalige Bundestagspräsident Wolfgang Schäuble (1942-2023), gebürtiger Freiburger und seines Zeichens ausgerechnet im nahen Oppenau 1990 selbst Attentatsopfer.

Auch wenn Politiker wie Ebert oder Rathenau bekannter sind als der 1921 ermordete Zentrumspolitiker, bleibt festzustellen: Die Erinnerung an Erzberger ist nicht tot. Mit Blick auf erschreckende Parallelen, etwa zum Mord am Kasseler Regierungspräsidenten Walter Lübcke 2019, ist das auch bitter notwendig.

17. Prohibition

Nobles Experiment endet in purer Heuchelei

Nach dem Ersten Weltkrieg beschlossen die Vereinigten Staaten die Prohibition – und revidierten sie 1933. An den Folgen leiden die Amerikaner noch immer

»Die Geschichte der Vereinigten Staaten kann in elf Worten erzählt werden: Kolumbus, Washington, Lincoln, Volstead – zwei Treppen hoch und nach Gus fragen.«

Der »New York Evening Sun« brachte mit einem Satz die Prohibition auf den Punkt. Benannt nach Andrew Volstead, Mitglied des Repräsentantenhauses, umfasste der 18. Zusatzartikel der US-Verfassung das landesweite Verbot des Verkaufs, der Herstellung und des Transports von Alkohol in den Jahren 1919 bis 1933. Die »Woman's Christian Temperance Union« (Christlicher Frauenbund für Abstinenz) und die »Anti-Saloon League«, das »Bündnis gegen die Kneipen«, hatten in einem langen gesellschaftlichen Kampf obsiegt. Hatten sie das wirklich?

Obwohl Alkohol nun verboten war, wurde wenig getan, um das »noble experiment« durchzusetzen. »Es war eine Zeit der Wunder, der Kunst, der Exzesse, der Satire. Alle Welt war begierig darauf, sich dem Genuss, dem Vergnügen hinzugeben. Jeder von 30 bis 50 schloss sich dem an. Die Jazz-Ära raste, aus eigener Kraft gespeist durch riesige Tankstellen voller Geld.« Das schrieb Francis Scott Fitzgerald, der Autor, der für einen dem Klischee der »Roaring Twenties« zwischen Erstem Weltkrieg und Weltwirtschaftskrise angemessenen Lebensstil steht.

Mitte der 20er-Jahre erfuhr Amerika, seit Kriegseintritt 1917 Weltmacht und als Weltkriegs-Sieger 1919 maßgeblich an den Friedensverhandlungen in Versailles beteiligt sowie über US-Präsident Woodrow Wilsons Völkerbund-Initiative universal bestimmend, nach Austritt der über die Monroe-Doktrin selbst gewählten Isolation einen weiteren schwindelerregenden Wandel. Die Großstädte wuchsen ins Unermessliche. Frauen suchten Orte auf, die sie nie zuvor betreten hatten. Eine noch nie dagewesene, ununterbrochene Gewinnsträhne an der Wall Street vermittelte den Eindruck, dass die guten Zeiten nie enden würden. Und eine neue aufregende Musik schien all diese Dinge einzufangen.

Die Prohibition war erlassen worden, um einen Wandel zu vereiteln, den Alkoholismus zu beenden, die amerikanische Familie zu schützen, um die moralische Vorherrschaft des kleinstädtischen, protestantischen Amerika wiederherzustellen. Stattdessen hatte sie dazu beigetragen, genau diesen Wandel anzukurbeln, den ihre Verfechter befürchteten. Seltsamerweise war dasselbe Land, das den Verkauf von Alkohol verboten hatte, zum weltweit größten Importeur von Cocktail-Shakern geworden.

Die illegale Produktion und Verbreitung von Alkohol breitete sich rasch aus, und die Regierung besaß weder Mittel noch Willen, jede Grenze, jeden See, Fluss und jedes »Speakeasy« zu überwachen. Allein in New York stieg die Anzahl dieser »Flüsterkneipen« zwischen 1922 und 1927 von 5000 auf 30.000 (oder mehr). Seattles Polizeichef Roy Olmstead schloss sich den einst Gejagten an und avancierte zum größten »Bootlegger« (Alkoholschmuggler) von kanadischem Whisky.

Viele starben an den Folgen des Konsums von Industriealkohol, der auf Anweisung der Regierung absichtlich vergiftet wurde

Um 1926 begannen immer mehr Amerikaner, das Volstead-Gesetz zu überdenken. Ihr anfänglicher Optimismus angesichts des sinkenden Alkoholismus war Frustration und Zynismus gewichen, als das Gesetz so ungenügend angewendet und in großem Umfang missachtet wurde. Egal, ob man dafür oder dagegen war: Die Prohibition löste Heuchelei aus. Trotz der Schließung von 700.000 Schwarzbrennereien seit 1920 waren mindestens eine halbe Million weiterhin im Betrieb. Tausende von Personen waren bei Polizei-Einsätzen zur Durchführung des Gesetzes ums Leben gekommen. Aber weit mehr starben an den Folgen des Konsums von Industriealkohol, der auf Anweisung der Regierung absichtlich vergiftet wurde, um die Schmuggler von seiner Verwendung für den menschlichen Verzehr abzuhalten.

Bald stritten sich die Amerikaner genauso heftig darüber, ob der 18. Zusatzartikel der Verfassung außer Kraft zu setzen sei, wie einst darüber, ob man ihn verabschieden solle. Während der großen Depression wurde die Prohibition zunehmend unpopulär. Weil man ihr 1929 die politische Karriere verweigerte, wechselte Bundesstaatsanwältin Mabel Walker Willebrandt die Seiten. Ihr erstes Mandat bestand in der Verteidigung eines Bootleggers. Am 5. Dezember 1933 unterzeichnete US-Präsident Franklin D. Roosevelt den 21. Verfassungszusatz, der den 18. Zusatzartikel aufhob. Das »ehrenhafte Experiment« war gescheitert.

Eine der verheerendsten Folgen der Prohibition war der Anstieg der Kriminalität. Johnny Torrio und Al Capone als bedeutendste Vertreter des organisierten Verbrechens bauten sich eine komplette Alkohol-Industrie auf, da das Verbot es ermöglichte, vielfach höhere Preise für Alkohol zu verlangen. Als die Entwicklung einer neuen Konsumgesellschaft einen ersten Höhepunkt erreichte, entdeckte Amerika den Gangster als Faszinosum. Neben anderen aufsteigenden Gruppen der Zeit – Filmstars, Sport-Assen, mediengewandten Spitzenpolitikern, der künstlerischen Bohème – verkörperten sie diesen Trend.

Männer, schäbig gekleidet, die im Verdeckten gearbeitet hatten, um einen gefährlichen Lebensunterhalt zu verdienen, wurden zu Besitzern fürstlicher Einkünfte. Sie knüpften

Bekanntschaft mit Millionären und Personen der höheren Gesellschaft, erteilten der Polizei und anderen Behördenvertretern Befehle, wurden zu Verbündeten der politischen Bosse, lebten in luxuriösen Häusern, fuhren Nobelschlitten und erschienen im feinen Abendanzug in der Oper.

Die Verbreitung des illegalen Alkoholhandels hatten organisierte Banden übernommen. In New York City beherrschte die Cosa Nostra den Schwarzmarkt; in Chicago setzte sich Al Capone gegen die irische North Side Gang tödlich durch. Das »St.Valentines Day Massacre« am 14.Februar 1929, bei dem sieben North-Sider regelrecht hingerichtet wurden, begründete jedoch einen Stimmungswandel in der Öffentlichkeit.

Nach seinem Amtsantritt 1929 hatte US-Präsident Herbert Hoover gefordert, Capone das Handwerk zu legen. Eine Task Force der Chicagoer Prohibitionsagenten unter Leitung des jungen Eliot Ness sollte das Capone-Syndikat durch Attacken auf seine illegalen Brauereien, Lieferwege und Ausschankbetriebe ablenken, während Finanzbeamte eine Anklage vor einem Bundesgericht wegen vielfacher Steuerhinterziehung vorbereiteten.

Medienwirksam ließ Ness konfiszierte Schnapstransporte an Capones Hauptquartier im Hawthorne Hotel vorbeiparadieren. Einen Bestechungsversuch machte er publik. Das trug seiner Truppe den Ehrentitel »Untouchables« (Die Unbestechlichen) ein. Aber Ness hat Capone nicht allein zur Strecke gebracht. Der Rotstift der Steuerbeamten erwies sich als stärkere Waffe.

Und anders als der gleichnamige Kinofilm es schildert, kam es weder zu einer persönlichen Begegnung zwischen Ness und Capone, noch zu einem Anschlag auf das Leben des Prohibitionsagenten. Auch verlor seine Einheit keinen Mann im Gefecht – wie sie umgekehrt auch keinen Gangster ums Leben brachte.

Dramatischer verlief dagegen zum Beispiel die Karriere des Schmugglers George Remus, der während seiner Haftzeit von seiner über alles geliebten Frau betrogen wurde. Sie verscherbelte seine Luxusvilla und brannte mit einem Liebhaber durch. Kaum auf freiem Fuß, erschoss Remus die Untreue, plädierte auf »vorübergehende Unzurechnungsfähigkeit« – und kam vor Gericht durch. Remus' Person soll F. Scott Fitzgerald zu seinem Roman »The Great Gatsby« inspiriert haben.

Ergreifend und mit subtiler Finesse erzählt er die Geschichte des schillernden Emporkömmlings Jay Gatsby, der auf seinem Anwesen rauschende Feste feiert, um seine einst verlorene Liebe zurückzugewinnen – eine Geschichte über die Macht großer Gefühle und das schmerzhafte Scheitern eines romantischen Traums. Kein Wunder, dass der »Große Gatsby« (als Pendant zu Gangster-Epen wie Sergio Leones »Es war einmal in Amerika«) mehrfach verfilmt wurde: 1974 mit Robert Redford und Mia Farrow – und 2013 mit Leonardo DiCaprio und Carey Mulligan.

Ohne die Fitzgeralds wären die 20er-Jahre trockener gewesen: Die beiden waren nicht nur vergnügungs-, sondern auch geltungssüchtig

Dabei gäbe Fitzgeralds turbulentes Leben an der Seite seiner Ehefrau Zelda selbst den besten Movie-Stoff ab. Die beiden tranken sich die Prohibition schön, tanzten auf Tischen, waren nicht nur vergnügungs-, sondern auch geltungssüchtig. Die rauschenden 20er-Jahre wären ohne sie trockener gewesen.

Den Sommer 1924 verbrachten sie mit der gemeinsamen Tochter Scottie in einem Dorf zwischen Saint Tropez und Cannes. Während Fitzgerald an »The Great Gatsby« schrieb,

hatte Zelda eine Affäre mit einem französischen Piloten. Scott linderte seine Eifersucht mit Portwein, Bordeaux und Mousseux. Zelda schluckte so viele Schlaftabletten, dass sie gerade noch gerettet werden konnte. Sechs Jahre später wurde bei ihr Schizophrenie diagnostiziert. Da war ihr Mann bereits dem Alkohol verfallen.
1940 beendete ein Herzinfarkt seine Sucht. Zelda erschien nicht zur Beerdigung. Sie selbst starb acht Jahre später beim Brand in einer Irrenanstalt.

Bis in die Gegenwart hinein ist das Verhältnis der Amerikaner zum Alkohol verkrampft geblieben. Nach wie vor ist es unüblich, in Restaurants nach dem Essen einen Digestif zu genießen. Da das Mindestalter der Jugendlichen zum berechtigten Alkoholgenuss von Bundesstaat zu Bundesstaat variiert, hat der tödliche Trinktourismus per Auto am Wochenende überlebt.

Die gängige amerikanische Strategie, zwischen liberaler Verfassung und strengen moralischen Normsetzungen zu vermitteln, ist bis heute, missbilligende Verhaltensformeln und ihre Träger als »unamerikanisch« abzustempeln und sie damit außerhalb der politischen Gemeinschaft und des Schutzes durch die

Verfassung zu stellen. Im Urteil der Spötter: Moralisten, Pharisäer, Puristen und Pietisten verstehen nicht, warum Jesus Wasser in Wein verwandeln konnte.

18. Kolonialismus

Jenseits von Schwarz-Weiß

Die Übernahme von Verantwortung für das koloniale Unrecht steht am Anfang der Diskussion über Rassismus – nicht Geld und auch nicht Denkmalstürze

Unter ihm, so verkündete Otto von Bismarck zu Beginn des Kaiserreichs, werde es keine Kolonialpolitik geben. Ab 1884/85 war dann alles anders – aus innenpolitischen Gründen. Um die Liberalen um Kronprinz Friedrich in die Schranken zu verweisen, schwenkte der Reichskanzler um. Dass Deutschland mit Kamerun, Togo, Namibia und Tansania doch noch etwas vom afrikanischen Kuchen abbekam, sorgte für kurze koloniale Begeisterung im Reich und bescherte Bismarck die Unterstützung der konservativen Kräfte. Den Imperialisten Frankreichs und vor allem Großbritanniens sollte so entgegengewirkt werden. Dass das Deutsche Reich jedoch eine große Rolle auf dem Schwarzen Kontinent spielte, ging zunächst einmal unter. Der belgische König Leopold II. hatte sich mit dem Kongo ein wirtschaftlich viel lukrativeres Land einverleibt, und der britische Krieg gegen die

Buren Anfang des 20. Jahrhunderts sorgte dafür, dass die Brutalität einer anderen europäischen Weltmacht im Rampenlicht stand. Das deutsche Engagement in Afrika dagegen wurde lange Zeit nahezu nostalgisch verklärt.

In seinem Roman „Die Wohlgesinnten" von 2006 schilderte der franko-amerikanische Autor Jonathan Littell das Geschehen des Holocausts aus der Perspektive eines fiktiven Täters, dem er analog zur Biografie des SS-Obergruppenführers Reinhard Heydrich eine Leidenschaft für klassische Musik zuerkannte. Dem Mörder werden menschliche, gar intellektuelle Züge attestiert. Künstler und Nazi zu sein, schließt sich (leider) nicht aus. Keine neue Idee, aber immer wieder reagieren Humanisten auf diese Tatsache geschockt.

Was diese beiden Aspekte mit Abdulrazak Gurnah und seiner Schillerrede 2023 in Marbach zu tun haben? Sehr viel.

Immer, wenn Deutschland seiner Gräueltaten in Afrika gedenkt, steht der blutige Herero-Aufstand in „Deutsch-Südwestafrika" im Vordergrund; dabei kamen im Osten infolge des Maji-Maji-Konflikts rund 75.000 Menschen ums Leben – während des Ersten Weltkriegs starben 300.000 afrikanische Zivilisten in Folge der Kriegspolitik der Besatzer. Den Deutschen haftete dabei, wie Gurnah seine Vorfahren zitierte, ein „Mythos der Grausamkeit" an.

In seinem Roman „Nachleben", der die Zeit zwischen 1914 und 1918 umfasst, schuf Gurnah einen deutschen Offizier, der seine nationale Pflicht bedenkenlos und teils mit Gewalt erfüllt, der aber in seinem Askari (Lastenträger) ein menschliches Wesen erkennt. Dieser Offizier, der die Poesie liebt, stammt aus Friedrich Schillers Geburtsstadt Marbach. Sein Ziel ist es, den Askari Deutsch zu lehren, damit dieser einmal Schillers Gedichte lesen kann.

Schillers Gedicht „Das Geheimnis" interpretiert Gurnah dabei als Plädoyer gegen die Vorherrschaft des Materialismus im menschlichen Leben. Die lyrische Melancholie darin erinnerte ihn an den kolonialen Konflikt und verhalf ihm dazu, den Mythos von der Grausamkeit der Deutschen in eine kompliziertere Realität umzugestalten – salopp gesagt: jenseits von Schwarz-Weiß. Auf diese Weise, eine abseitige Perspektive in den Blick zu nehmen, erreicht der Literatur-Nobelpreisträger des Jahres 2021 auf eine weit subtilere Art als die politische

Erinnerungskultur-Sonntagsrede, sich mit den europäischen Untaten der Kolonialherrschaft in Afrika auseinanderzusetzen. Dieser Weg erleichtert Verständnis und Versöhnung, die am Ende eines Prozesses stünden, dessen erster Schritt jedoch die Übernahme von Verantwortung für das Unrecht bliebe.

Schon 2014 legte der karibische Staatenverband Caricom einen Zehn-Punkte-Aktionsplan für reparative Gerechtigkeit vor. Darin gefordert werden das Bekenntnis ehemaliger Kolonialmächte zur Verantwortung, eine formale Entschuldigung, Schuldenerlass sowie massiver Bildungs- und Technologietransfer als Entschädigung für die koloniale Ausbeutung. Frankreich, Großbritannien, Deutschland, Spanien und die Niederlande könnten damit durchaus leben, fürchten sie doch weit mehr als Schuldeingeständnisse drohende Reparationen mit gigantischen Geldforderungen, die sie unter allen Umständen vermeiden wollen. Andererseits: Wie beziffert man die Ausbeutung des Kongo, die das belgische Königshaus betrieb?

**Der typisch deutsche Aktionismus
hilft den Opfern nicht weiter**

In Tansania existieren nach wie vor Bahngleise und Gebäude aus deutscher und britischer Kolonialzeit. Zwar steht in der Erinnerung des ostafrikanischen Landes die Erfahrung von Unterdrückung und Widerstand. Im Gegensatz dazu gibt es aber auch eine gewisse Nostalgie mit Blick auf die frühe Mission und auf deutsche Architektur und Technologie. Dass einst Straßen und Eisenbahnstrecken gebaut wurden, gilt immer noch als Modernisierungsschub. Doch zur Kaiserzeit kamen keine Entwicklungshelfer, sondern Plünderer. Ihre Beutewirtschaft bereitete den Boden für die globale Ungleichheit. Deshalb befinden sich Afrikas Länder weiterhin am Tropf der Industrienationen. Und es ist kein Wunder, dass viele Menschen – eine der Folgen des europäischen Kolonialismus vor und nach dem Ersten Weltkrieg und spätestens nach ihrer verspäteten Unabhängigkeit 1960 die hauptsächliche Wurzel der Migrationsbewegung – ihre afrikanische Heimat übers Mittelmeer hinweg gen Europa verlassen wollen.

Doch in Deutschland wurden als Gegenmaßnahme Denkmäler abgebaut; es wurde dort in Speisen- oder Straßennamen oder in Literatur vergangener Zeiten in nun zu umschreibenden N-Wörtern Rassismus gesehen. Beutekunst gab man an elitäre Stammesfürsten zurück, die ganz gewiss keine Demokraten sind. Aber statt über Reparationen oder gezielte Entwicklungshilfe zu reden, befeuerte man im schuldbewussten Land der Täter lieber die Diskussion, ob man den Kolonialismus dem (bisher als einzigartig definierten) Holocaust in der Erinnerungs-„Kultur" gleichsetzen sollte.

Mit all dem bloßen Aktionismus ist niemandem geholfen – vor allem nicht den bedürftigen Nachkommen der Opfer des Kolonialismus. Und wie immer bei diesen aufgeregten Debatten wurde der Zeitgeist von einst vergessen. Ein damaliger Anhänger der Sklaverei konnte durchaus, nicht nur eigenem sondern auch dem Verständnis seiner Zeitgenossen nach, gleichzeitig ein Humanist oder Philanthrop im Sinne der Zeit sein, in der er lebte. So geriet sogar Immanuel Kant ins Fadenkreuz der modernen Zeloten. Mit dem aktuellen Forschungsstand würde der große Philosoph bestimmt nicht mehr die Auffassung vertreten, es gebe vier unterschiedliche klimabedingte

Menschenrassen. Da Kants Horizont auf Königsberg beschränkt war, unterstellte er Farbigen eine Scheu vor schwerer Arbeit. Kant, der andererseits einräumte, dass es keine verschiedenen Arten von Menschen gibt, würde inzwischen wohl seinem Kontrahenten Johann Gottfried Herder zustimmen, dass der Begriff der Rasse sinnlos ist. Schließlich ist es kein weiter Weg zu dieser Schlussfolgerung, wenn man, wie auch Kant, bereits erkannt hat, dass sich Sklaverei aufgrund unterschiedlicher Hautfarben nicht rechtfertigen lässt: Sie ist nicht nur grausam, sondern verbrecherisch.

Wem heute (verspätet) zum Beispiel Antisemitismus vorgeworfen werden kann wie etwa Martin Luther oder Richard Wagner, der mag es, beeinflusst von damals herrschenden Lehren und ohne Kenntnis eines im 20. Jahrhundert erfolgten Völkermords an den Juden, auch gewesen sein, doch er ist, quasi als Folge seiner „Gnade der frühen Geburt", nicht mit den heutigen hehren Maßstäben und kompromisslosen Kriterien zu beurteilen. Das Wissen der Moderne konnten ein Luther im 16., Kant im 18. und Kolonialisten im 19. Jahrhundert nicht erwerben. Dieses Schicksal trifft sie in etwa so wie es den römischen Dichter Vergil traf, der, weil er in einer früheren Zeit lebte, „Pech" hatte, kein Christ werden zu können – und somit in Dantes „Göttlicher Komödie" das Paradies nicht schauen durfte.

EPILOG

Dieser Krieg wirkt nach

Vor über einem Jahrhundert endete der Erste Weltkrieg. Ist er wirklich zu Ende?

Auf die „Urkatastrophe des 20. Jahrhunderts" folgte die Enttäuschung danach. Eliten in den kolonialisierten Ländern distanzierten sich von den europäischen Mächten. Ihre anschließende Orientierung an der Sowjetunion folgte nicht etwa der Begeisterung über den Kommunismus. Vielmehr waren sie enttäuscht vom Imperialismus Europas und der USA – unter dem Deckmantel des Idealismus. Doch die hehren völkerverbindenden Ziele des damaligen US-Präsidenten Woodrow Wilson wirkten genauso zersetzend wie seine Interessenpolitik.

Amerikaner neigen dazu, ihre Werte für universal, ihren Staat und ihre Gesellschaft für ein für alle anderen taugliches Modell zu halten: Demokratie, Verfassung, sogar die Art, Geschäfte zu machen, waren Vorbilder, die andere zu ihrem Besten nachahmen sollten. Doch dieser amerikanische Weg hatte immer zwei Seiten: auf der einen den Ehrgeiz, die Welt in Ordnung zu bringen, und auf der anderen die Neigung, sich voller Verachtung von ihr abzuwenden, wenn sie die Botschaft ignorierte. So wie es in erheblichem Maße unter der Präsidentschaft Donald Trumps zu erleben ist.

Ein Beispiel: 1919 gab es kein irakisches Volk. Geschichte, Religion und Geografie trennten die Menschen dort. Zu erwarten, durch den Zusammenschluss der drei osmanischen Provinzen Basra, Bagdad und Mossul eine Nation schaffen zu können, war, auf Europa übertragen, als wollte man bosnische Moslems, Kroaten und Serben in einem Staat vereinen. Wie es in der Folge des Ersten Weltkriegs die Friedensmacher von Versailles in die verhängnisvolle Tat umsetzten. Unter anderem auch Wilson, der Präzeptor des Selbstbestimmungsrechts der Völker.

Oder die Kurden. Sie blieben nach 1919 Bürger unterschiedlicher Staaten – im Irak, im Iran und in der Türkei. Ihre Unterdrückung befeuerte ihren Nationalismus, der schließlich eine nicht unwesentliche Rolle im Syrien-Krieg spielte. Generell steckt auch ein Keim des Nahost-Konflikts im Versuch der

Siegermächte, die Welt am Reißbrett neu zu ordnen.

Und in Deutschland? Resultate der Revolution von 1918/19 wie Republik, Frauenwahlrecht und soziale Errungenschaften haben (noch) Bestand. Auch wenn das parlamentarische Weimarer System scheiterte, so zogen die Väter des Grundgesetzes 1948 immerhin konstruktive Folgerungen aus seinem Untergang. Wenige Generationen danach taucht aber das Schreckgespenst von „Weimarer Verhältnissen" mit einer Radikalisierung der politischen Kräfte am rechten und linken Rand wieder auf. Es bildet sich zunehmend ein Vielparteiensystem heraus, das das Regieren erschwert. Noch sehen Historiker die Gefahr für die Demokratie in Deutschland viel geringer an als zur Weimarer Zeit. Aber hauptsächlich dürfte das nur solange gelten, wie die wirtschaftlichen Bedingungen gut sind.

Die Deutschen hätten aus der Geschichte gelernt, lautet ein immer wieder beschworener Satz in Gedenkreden der Erinnerungskultur. Aber was die eine Generation gelernt hat, wird meist in der nächsten vergessen. Kriege werden stetig im Namen höchster Werte, der Verteidigung von „Kultur" und

Menschlichkeit aufs Brutalste geführt, mit dem Gestus der Überlegenheit und missionarischer Sendung. Dass diese Spezies zwischendurch das Zerstören und Töten unterbricht, liegt nicht etwa an ihrer abrupten sittlich-moralischen Mäßigung, sondern weil es sich mit Gewalt auf Dauer nicht leben lässt. Die Zwischenzeiten der Friedfertigkeit währen ein paar Jahrzehnte bestenfalls. Und die nationalstaatlichen Traditionen sind immer noch so stark, dass Europa nie ganz unter einen Hut gebracht werden kann. Dafür hat der Erste Weltkrieg das Fundament gelegt. Insofern wirkt er bis heute nach.

Der Autor

Wolfgang V. Hartmann wurde 1963, im Gründungsjahr der Fußball-Bundesliga, in Leutkirch (Allgäu) geboren.

25 Jahre lang arbeitete er bei einer lokalen Zeitung als Sportreporter speziell für Fußball und Kunstturnen, danach mehr als ein weiteres Jahrzehnt als Journalist in den Ressorts Politik, Kultur und Hintergrund mit persönlichem Schwerpunkt auf Zeitgeschichte, Theologie, Literatur und Philosophie.

Der bekennende Wagnerianer liest am liebsten Thomas Mann und Knut Hamsun und lebt seit 2021 als Redakteur im Ruhestand in Dornstetten nahe Freudenstadt am Rande des Schwarzwalds.

Weitere bei *Amazon / Haralex* erschienene Publikationen
von
Wolfgang V. Hartmann:

Heldendämmerung im Ring

Historisch Denkwürdiges aus dem Boxsport
in acht journalistischen Schnappschüssen

www.ingramcontent.com/pod-product-compliance
Lightning Source LLC
Chambersburg PA
CBHW071503040426
42444CB00008B/1479